3차 개정판

어린이

훈민정음

맞춤법   발음

띄어쓰기

원고지 사용법

기초 문법

어휘력은 모든 학습의 뿌리

책을 펴내며

　언어는 의사소통은 물론이고, 자신의 생각을 표현하는 데 꼭 필요한 수단입니다. 이런 언어의 기본 단위가 바로 어휘입니다. 따라서 어휘력의 양적, 질적 향상은 매우 중요하다고 하겠습니다. 특히 학습 과정에 있는 학생들에게 있어 어휘력은 학습의 성패를 좌우할 만큼 중요한 요소입니다. 모든 교과 학습은 물론, 그 결과를 묻는 시험이 언어를 통해 이루어지기 때문입니다. 그러므로 어휘력은 단순히 국어 공부의 한 부분이 아니라, 모든 학습의 기본이자 필수 항목인 것입니다.

　국어에는 총 50만 개가 넘는 어휘가 있고, 사회가 발전함에 따라 어휘는 생성과 소멸을 반복하며 변화하고 있습니다. 원만한 사회생활을 위해서 기본적으로 알아야 하는 어휘 수는 대략 5만 개 정도로 봅니다. 그런데 이 가운데 초등학교 과정에서 배우는 어휘가 약 2만 5천 개 정도나 됩니다. 결국 우리는 생활에 필요한 어휘의 반을 초등학교 과정에서 배우게 됩니다. 그만큼 초등학교 때 어휘 공부는 대단히 중요합니다.

　그렇다면 초등학생들의 어휘력 향상을 위한 가장 좋은 학습 방법은 무엇일까요?

　바로 교과서와 연계하여 관련 어휘를 학습하는 것입니다. 교과서에서 눈에 익은 어휘는 그만큼 어린이들이 쉽게 받아들이고 배우기에 수월합니다. 그리고 교과서 어휘를 완벽하게 익힘으로써 학습 효과를 높이는 것은 물론이고, 공부에 자신감이 생기게 됩니다. 이 책의 편집 원칙 가운데 첫째로 삼은 것이 바로 이 점입니다.

　본 교재는 출간 당시부터 지금까지 여러 선생님과 학부모님들로부터 좋은 평가를 받아 왔던 '어린이 훈민정음'의 3차 개정판입니다. 2018년부터 적용되는 새 교과서 내용에 따라 이번에 전면 개정을 하였습니다. 학년별로 꼭 필요한 어휘를 선정하고, 어린이들이 쉽고 재미있게 학습하도록 문제 형식을 다양하게 구성하였습니다.

　아무쪼록 본 교재를 통해 어린이들이 어휘 학습에 흥미를 느끼고, 자신감을 얻어 교과 학습은 물론이고 바른 국어 생활을 하는 데 이 책이 길잡이가 되기를 바랍니다.

　감사합니다.

도서출판 **시서례**

3차 개정판 어린이 훈민정음

목차

1 어디일까요?

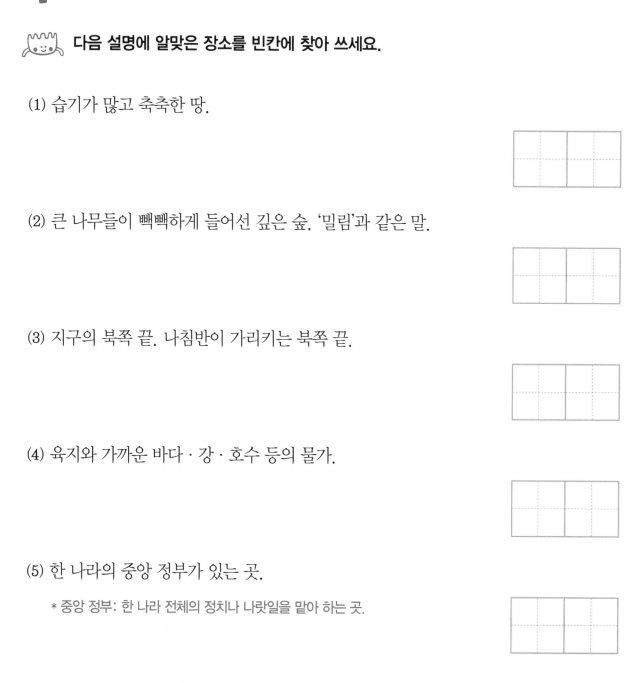

다음 설명에 알맞은 장소를 빈칸에 찾아 쓰세요.

(1) 습기가 많고 축축한 땅.

(2) 큰 나무들이 빽빽하게 들어선 깊은 숲. '밀림'과 같은 말.

(3) 지구의 북쪽 끝. 나침반이 가리키는 북쪽 끝.

(4) 육지와 가까운 바다 · 강 · 호수 등의 물가.

(5) 한 나라의 중앙 정부가 있는 곳.

  * 중앙 정부: 한 나라 전체의 정치나 나랏일을 맡아 하는 곳.

| 보기 | 연안 | 북극 | 정글 | 습지 | 수도 |

2 누구일까요?

😺 빈칸에 알맞은 이름을 찾아 쓰세요.

(1) 꽃밭이나 나무를 가꾸는 일을 하는 사람.

(2) 배에 타서 운전 등 여러 일을 맡아 하는 사람.

(3) 도서관 등에서, 책에 대한 일을 맡아 하는 사람.

(4) 입양으로 들어가 관계를 맺은 아버지와 어머니.

  * 입양: 법적으로 자식의 자격을 얻는 일.

(5) 조선 시대에, 궁궐에서 일하던 나이 어린 여자.

(6) 조선 시대에, 벼슬을 받아 궁궐에서 일하던 여인.

보기	사서	선원	상궁
	생각시	정원사	양부모

3 억울한 일

 다음 이야기 속에 들어갈 낱말을 알맞게 쓰세요.

아저씨는 집에 가는 길에 편의점에 들렀다. 우유를 사서 계산을 하려는데 점원이 아저씨를 이상하게 쳐다보았다. 계산대에 놓여 있던 돈이 사라졌다며 아저씨를 의심했다. 계산대에는 5만 원짜리 (1) _____ 가 두 장 놓여 있었는데 마침 아저씨 지갑에도 10만원이 들어 있었다.

아저씨는 아니라고 말했지만 경찰은 아저씨 말을 믿지 않았다. 지난달에 감옥에서 나온 터라 경찰은 이미 아저씨를 범인이라고 생각하는 것 같았다. 아저씨는 (2) _____ 을 벗으려면 어찌해야 할지 곰곰이 생각해 보았다. 억울하게 또 (3) _____ 를 할 수는 없었다.

아저씨의 머리에 갑자기 감시 카메라가 떠올랐다. 영상을 보니, 아저씨가 계산을 하려던 순간 바람이 불어 돈이 계산대 아래로 떨어졌다. 아저씨는 그제야 진실을 밝히고 집에 갈 수 있었다.

(1) 종이에 인쇄하여 만든 돈.

(2) 사실이 아닌 일로 이름을 더럽히게 되어 억울한 것.

(3) 감옥에 갇혀 지내는 일.

4 책을 읽어요

책을 읽고 내용을 정리하는 방법입니다. 빈칸에 알맞은 낱말을 쓰세요.

(1) 책표지를 보면서 | 흐 | 미 | 있는 책을 고른다.

 * 어떤 대상에 마음이 끌리는 관심.

(2) 책 앞이나 뒤에 쓰여 있는 책 소개를 읽고, 책 내용을  해 본다.

 * 어떤 일을 직접 하기 전에 미리 생각하는 것.

(3) 글의  가 무엇인지 생각하며 읽는다.

 * 이야기에 나타나는 중심 생각.

(4)  별로 나누어 읽는 것도 좋다.

 * 큰 제목 아래에 붙은 작은 제목.

(5) 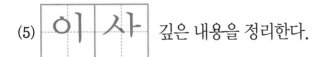 깊은 내용을 정리한다.

 * 마음속에 새겨진 느낌.

5 '주위'와 '주의'

다음 낱말 뜻을 읽고 빈칸에 알맞은 말을 넣어 문장을 완성하세요.

주위	: 어떤 곳에서 가까운 곳.
주의	: 정신을 한데 모으고 집중함.

(1) 지구는 태양 (　　　　　)를 365일에 한 바퀴 돈다.

(2) 아무리 시끄러워도 현수는 (　　　　　)를 흐트러뜨리지 않았다.

해치고	: 다치게 하거나 죽이고.
헤치고	: 앞에 걸리는 것을 좌우로 치우고.

(3) 병만이는 정글 속에서 나무를 (　　　　　) 앞으로 나갔다.

(4) 호랑이는 가축을 세 마리나 (　　　　　) 떠났다.

꼼꼼하게	: 빈틈이 없이 차분하고 조심스럽게.
꼿꼿하게	: 휘거나 구부러지지 않고 곧게.

(5) 민정이는 허리를 (　　　　　) 펴고 책을 읽는다.

(6) 희진이는 작은 부분도 놓치지 않고 (　　　　　) 책을 읽는다.

6 무슨 낱말일까요?

설명을 읽고, 빈칸에 알맞은 낱말을 넣어 문장을 완성하세요.

(1) 지구가 뜨거워지면서 비 하 가 녹아내리고 있다.

    * 오랫동안 쌓인 눈이 그 무게로 얼음덩어리로 변해 떠다니는 것.

(2) 형은 이번에 기 수 학교에 입학했다.

    * 남의 집이나 학교, 회사 등에 딸린 숙소에서 지내는 것.

(3) 네로는 미술 대회에 나가서 다 서 되는 것이 꿈이었다.

    * 대회에 낸 글이나 그림 등이 좋은 점수를 받아 뽑히는 일.

(4) 이 이야기의 주인공이 내 또 래 라서 더 재미있었다.

    * 나이가 서로 비슷한 무리.

(5) 어머니는 ㅅ ㅋ 리 에 나물을 가득 담아

시장에 나가셨다.

    * 가늘고 얇게 쪼갠 대나무나 싸리 등을 짜서 만든 그릇.

(6) 장금이는 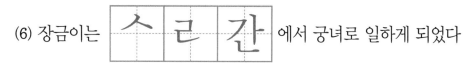 에서 궁녀로 일하게 되었다

　　　* 예전에, 궁궐에서 임금의 밥을 짓던 부엌을 이르던 말.　　* 궁녀: 궁궐에서 일하던 여자.

(7) 할아버지는  을 지고 집 밖으로 나가셨다.

　　　* 두 손을 등 뒤로 보내 마주잡는 것.

(8) 까치는 선비의 은혜에 목숨을 바쳐 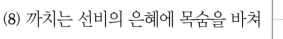  했다.

　　　* 베풀어 준 것에 대해 갚음.

(9) 아이는 과자통에서 과자를 한 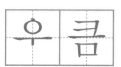 집어 들었다.

　　　* 손으로 한 주먹 움켜쥘 만큼의 양.

(10) 떡볶이를 생각만 해도  이 돈다.

　　　* 맛있는 것을 보거나 냄새를 맡아 입안에 도는 침.

(11) 형제는 늦은 밤까지  을 서로에게 가져다주었다.

　　　* 벼를 베어서 묶어 놓은 것.

제2과 작품을 보고 느낌을 나누어요(2)

1 모험

다음은 어떤 이야기의 줄거리입니다. 빈칸에 들어갈 낱말을 찾아 쓰세요.

(1) 친구들은 뉴질랜드 주변을 [   ] 하기로 했다.

* 일정한 곳을 한 바퀴 도는 것.

(2) 하지만 [   ] 이 불어 어려움을 겪었다.

* 갑자기 세게 부는 바람.

(3) 결국 친구들이 탄 배는 방향을 잃고 [   ] 했다.

* 물 위에 떠서 이리저리 흘러가는 것.

(4) 그러던 가운데 배가 [   ] 에 도착했다.

* 사람이 살지 않는 섬.

(5) 친구들은 서로 힘을 합쳐 어려움을 [   ] 했다.

* 어렵고 힘든 상황을 이겨 내는 것.

보기   일주   극복   무인도   돌풍   표류

2 같은 모양, 다른 뜻

다음 문장을 보고, 괄호 안에 공통으로 들어갈 낱말을 빈칸에 쓰세요.

(1)

겨	저

① 이 작품은 내 땀과 눈물의 (   )이다.
   * 애써 노력하여 이룬, 보람 있는 결과를 비유적으로 이르는 말.

② 우리 모둠이 읽을 책은 현희가 (   )했다.
   * 어떤 일을 분명하게 정하는 것.

(2)

이	사

① 우리 선생님은 (   )이 참 좋으시다.
   * 사람의 얼굴 생김새.

② 오늘부터 밀가루 값이 (   )되었다.
   * 값을 올리는 것.

(3)

ㄷ	접

① 삼촌은 (   )에 물을 받아 벌컥벌컥 드셨다.
   * 위가 넓적하고 높지 않으며 뚜껑이 없는 그릇.

② 요리사는 어머니께 특별한 음식을 (   )해 드렸다.
   * 음식을 차려 손님을 대하는 것.

(4)

저	사

① 백두산 (   )에 가면 천지를 볼 수 있다.
   * 산의 맨 꼭대기.   * 천지: 백두산 꼭대기에 있는 호수.

② 퍼붓던 비가 그쳐서 내일부터는 (   ) 수업을 한다.
   * 특별한 일 없이 제대로인 상태.

3 무슨 뜻일까요?

밑줄 친 낱말의 알맞은 뜻을 찾아 번호를 쓰세요.

(1) 현성이는 수연이를 <u>돋보이게</u> 하려고 자신의 무대를 일부러 망쳤다.　（　　）

　① 다른 것보다 두드러지게 드러나거나 좋아 보이게.

　② 믿게 보이게.

(2) 비가 내리자 지렁이 한 마리가 땅 위로 머리를 <u>빠끔히</u> 내밀었다.　（　　）

　① 갑자기 불룩하게 쑥 나오거나 내미는 모양.

　② 작은 구멍이나 틈 사이로 조금만 보이는 모양.

(3) 미나는 <u>젠체하며</u> 앞으로 나섰다.　（　　）

　① 다른 사람 앞에서 말이나 행동하는 것을 어려워하거나 부끄러워하며.

　② 잘난 체하며.

(4) 윤주는 <u>초조한</u> 듯이 자꾸 창밖을 바라보았다.　（　　）

　① 마음이 불안하여 조마조마한.

　② 마음이 들떠서 두근거리는.

(5) 도깨비들은 혹부리 영감의 노래를 듣고 <u>호탕하게</u> 웃었다.　（　　）

　① 듣기에 짜릿한 느낌이 들 정도로 심하게.

　② 씩씩하고 거침이 없이 활기차게.

4 바르게 쓰기

![icon] **밑줄 친 낱말을 바르게 고쳐 쓰세요.**

(1) 책 뒷표지에 책 내용을 간략하게 소개하고 있다.

(2) 북극은 눈과 얼음으로 뒤덮힌 곳이다.

(3) 소년들은 설레이는 마음으로 배에 탔다.

(4) 네로는 편찬으신 할아버지 대신 우유를 배달했다.

(5) 우리는 부모님께서 배풀어 주신 사랑에 보답해야 한다.

(6) 성냥각 속에는 성냥이 하나도 없었다.

  * 성냥: 문질러서 불을 일으키는 물건.

5 바르게 읽기(이어져 나는 소리)

학교 앞에 문구점이 새로 생겼다.

앞 + ㅔ → [아페]

앞말의 받침 'ㅍ', 'ㅋ', 'ㅊ'이 'ㅣ', 'ㅔ' 같은 모음으로 시작하는 말과 만나면,
받침이 뒤로 이어져 소리 납니다.

밑줄 친 부분을 [   ] 안에 소리 나는 대로 쓰세요.

(1) 저 숲에는 호랑이가 살아.

[   ]

(2) 주변에 늪이 있는지 없는지 잘 살펴봐.

[   ]

(3) 그 빛이 너무 눈부시다.

[   ]

(4) 달리다가 엎어지는 바람에 무릎에서 피가 났다.

[   ] , [   ]

(5) 해는 동녘에서 떠서 서녘으로 진다.

[   ] , [   ]

6 십자말풀이

낱말 뜻풀이를 읽고, 괄호 안에 들어갈 낱말을 빈칸에 넣어 십자말풀이를 완성하세요.

(1)
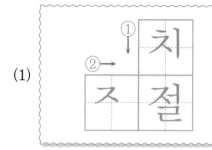

① 매우 친근하고 다정하게 대하는 태도.

② 어떤 일에 대한 의지나 기운이 꺾임.

① 윤주는 자신에게 (　　　)을 베풀어 주신 의사 선생님께 감사했다.

② 민지는 미술 대회에서 상을 못 받아서 (　　　)했다.

(2)
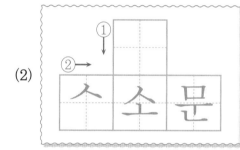

① 소리 없이 빙긋이 웃는 웃음.

② 떠도는 소문을 두루 찾아 알아봄.

① 어머니는 동생을 보시며 (　　　)를 지으셨다.

② 아이는 여기저기 (　　　)을 해서 가방의 주인을 찾았다.

(3)
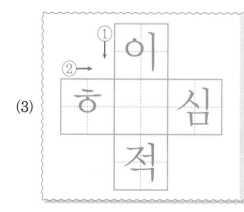

① 자신의 이익만을 생각하는 것.

② 새롭고 신기한 것에 끌리는 마음.

① 소연이는 자신의 입장에서만 생각하는 (　　　)인 아이다.

② 재윤이는 (　　　)이 가득한 눈으로 삼촌 가방을 바라보았다.

7 원고지 쓰기

다음 문장을 괄호 안의 횟수만큼 띄워서 원고지에 옮겨 쓰세요.

(1) 나는아낌없이주는나무가좋았어.(4)

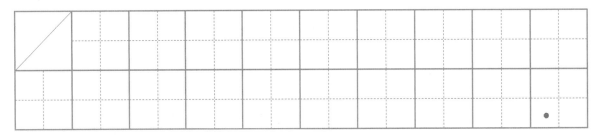

(2) 재우는책을고르는데에적극적으로참여했다.(5)

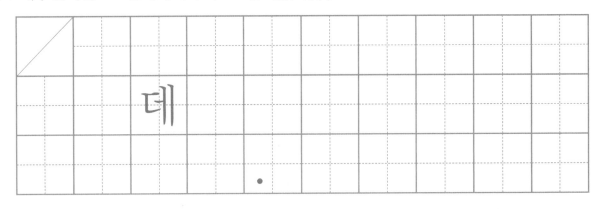

(3) 지현이는열다섯명안에들지못해서섭섭해했다.(6)

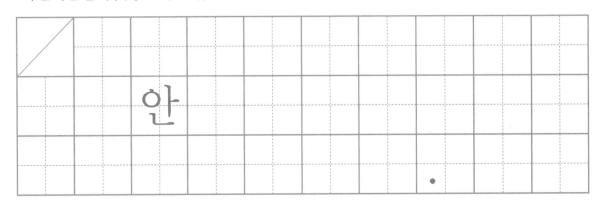

제 3 과 중심 생각을 찾아요(1)

1 전통 놀이

 다음 그림과 설명을 보고 우리나라 전통 놀이의 이름을 쓰세요.

(1)

화살을 던져 병에 많이 넣는 편이 이기는 놀이.

트	ㅎ
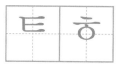

(2)

샅바를 잡고 힘과 재주로 상대방을 넘어뜨리는 놀이.

* 샅바: 운동 경기에서, 허리와 다리에 둘러 묶어 손잡이로 쓰는 천.

씨	ㄹ

(3)

혼자서나 여럿이 줄을 잡고 돌려 넘는 놀이.

줄	ㄴ	ㄱ
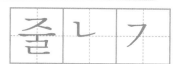

(4)

막대 4개를 던져 나온 모양에 따라 말을 움직이는 놀이.

* 말: 놀이에서 정해진 규칙에 따라 판에 올려 움직이는 것.

유	놀	ㅇ

(5)

한쪽 다리로 뛰면서 상대를 넘어뜨리는 놀이.

ㄷ	씨	ㅇ

2 과학실에서

과학실에서는 다른 곳에서보다 더욱 조심해야 합니다. 빈칸에 알맞은 낱말을 쓰세요.

(1)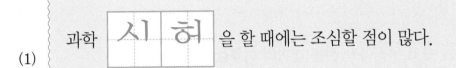
과학 [시][험]을 할 때에는 조심할 점이 많다.

* 과학에서, 이론이 실제로 가능한지를 알아보기 위해 실제로 해 보는 것.

(2)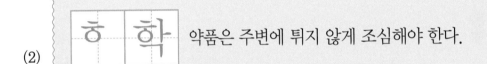
[화][학] 약품은 주변에 튀지 않게 조심해야 한다.

* 물질의 성질, 구조, 반응 등을 연구하는 과학 분야.

(3)
[알][코][올][램][프]가 깨지면 불이 날 수도 있다.

* 알코올을 연료로 하여 불을 붙이는 장치.

(4)
과학실에서는 안전 [수][칙]을 꼭 확인해야 한다.

* 행동이나 과정에 있어 지켜야 할 사항을 정한 규칙.

(5)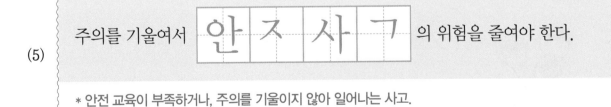
주의를 기울여서 [안][전][사][고]의 위험을 줄여야 한다.

* 안전 교육이 부족하거나, 주의를 기울이지 않아 일어나는 사고.

3 과일

😊 **과일로 식품을 만들어 먹는 방법입니다. 빈칸에 알맞은 낱말을 찾아 쓰세요.**

(1) 복숭아는 ① [　　　　] 이나 ② [　　　　] 으로도 만들어서 먹는다.

　① 과일에 설탕을 넣고 약한 불로 졸여서 만든 식품.
　② 음식물을 오래 보관할 수 있도록, 가열하거나 세균을 죽여서 금속 통에 넣은 식품.

(2) 포도는 ① [　　　　] 으로 ② [　　　　] 나 술을 만들기도 한다.

　① 과일이나 채소에서 짜낸 액체.
　② 과일에서 짜낸 액체에 설탕을 넣고 끓인 후, 말랑말랑하게 굳혀서 만든 식품.

(3) 감을 잘 익히면 ① [　　　　] , 말리면 ② [　　　　] 이 된다.

　① 빨갛고 물렁하게 잘 익은 감.
　② 껍질을 벗기고 꼬챙이나 실에 꿰어서 말린 감.

(4) 대추로는 떡이나 [　　　　] 을 만들어 먹는다.

　* 찹쌀을 물에 불려 찐 뒤에 꿀이나 흑설탕, 참기름, 간장, 밤 등을 넣고 다시 찐 밥.

> **보기**　　즙　　잼　　약밥　　젤리
> 　　　　곶감　　홍시　　통조림

4 무슨 낱말일까요?

 설명을 읽고, 빈칸에 알맞은 낱말을 넣어 문장을 완성하세요.

(1) 황새는 환경부에서 지정한  위기 동물이다.

    * 생물의 한 종류가 완전히 없어짐.

(2) 제비가 │버│식│ 을 하려고 우리 집에 둥지를 지었다.

    * 생물의 수가 늘거나 널리 퍼지는 것.

(3) │개│벌│ 은 육지의 오염 물질을 분해하기도 한다.

    * 바닷물이 들어오면 잠기고 빠지면 드러나는, 평평한 땅. 주로 모래나 작은 흙으로 이루어졌다.

(4) │ㅈ│철│ 에 나는 과일은 맛도, 영양도 뛰어나다.

    * 알맞은 때. 그 과일이 열매 맺기 가장 좋은 때.

(5) 닭싸움은 한 발로 서서 하기 때문에 '  싸움',

    '  싸움'이라고도 한다.

    * 두 발이 아닌 한쪽만의 발.
    * 한 발을 들고 다른 한 발로 서는 것.

(6) 요즘 들어 우리의  이 사라지는 것 같아서 아쉽다.

    ＊ 옛날부터 그 사회에 전해 오는 생활 습관.

(7) 부스럼과 더위를 막기 위해서 정월 대보름날에 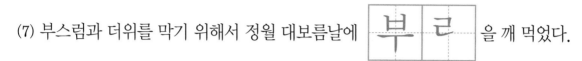 을 깨 먹었다.

    ＊ 정월 대보름날 새벽에 깨물어 먹는 딱딱한 열매를 통틀어 이르는 말. 땅콩, 호두, 밤 등.
    ＊ 부스럼: 피부에 나는 종기를 통틀어 이르는 말.

(8) 농촌에서는 곡식을 먹는 참새가  다.

    ＊ 처리하기 귀찮거나 어려운 일.

(9) 가을이 되자 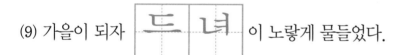 이 노랗게 물들었다.

    ＊ 넓게 펼쳐져 있는 들.

(10) 가을이 되어 농사꾼들이  의 즐거움을 느끼고 있다.

    ＊ 익은 곡식이나 열매를 거두어들이는 것.

(11) 까마귀의 울음은 주인공의 죽음을  하는 것이다.

    ＊ 드러나지 않게, 간접적으로 알림.

5 비슷한말

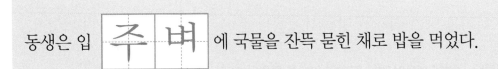 밑줄 친 낱말과 바꾸어 쓸 수 있는 낱말을 빈칸에 쓰세요.

(1) 강아지 한 마리가 우리 집 주위를 계속 맴돌고 있다.

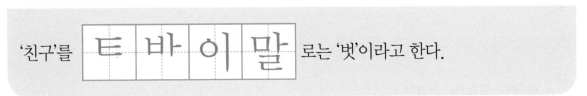

동생은 입 | 주 | 변 | 에 국물을 잔뜩 묻힌 채로 밥을 먹었다.

(2) 순우리말처럼, 옛날부터 쓰던 말이나 그것으로 새로 만들어진 말을 고유어라고 한다.

'친구'를 | 토 | 바 | 이 | 말 | 로는 '벗'이라고 한다.

(3) 할머니 머리카락도 원래는 검은색이었다.

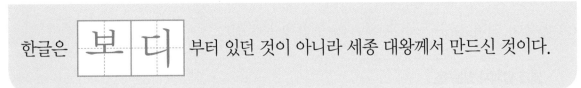

한글은 | 보 | 디 | 부터 있던 것이 아니라 세종 대왕께서 만드신 것이다.

(4) 동생은 샘이 많아서 내가 가진 것은 모두 가지려고 한다.

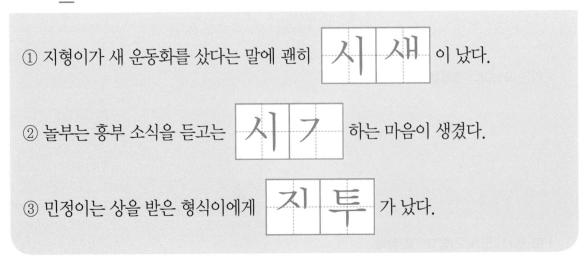

① 지형이가 새 운동화를 샀다는 말에 괜히 | 시 | 새 | 이 났다.

② 놀부는 흥부 소식을 듣고는 | 시 | ㄱ | 하는 마음이 생겼다.

③ 민정이는 상을 받은 형식이에게 | 지 | 투 | 가 났다.

6 반대말

(1) ┌ 계절에 관계없이 한 지방에서만 사는 새를 '텃새'라고 한다.
   └ 우리 동네에는 ［ㅊ｜새］ 가 많이 날아온다.

(2) ┌ 안에서 밖으로 내보내는 것을 '배출'이라고 한다.
   └ 갯벌은 온도와 습도에 따라 물을 ［ㅎ｜수］ 하고 배출한다.

   * 습도: 공기 가운데 수증기가 들어 있는 정도.

(3) ┌ 우리는 자음과 모음을 결합하여 글자를 만든다.
   └ 갯벌은 육지의 오염 물질을 ［부｜해］ 한다.

(4) ┌ 나와 민주는 키가 같다.
   └ 하지만 몸무게는 ［　｜　｜다］ .

(5) ┌ 독수리가 날개를 활짝 펴고 하늘을 날았다.
   └ 독수리는 날개를 ［ㅈ｜고］ 땅에 내려와 먹이를 먹었다.

제4과 중심 생각을 찾아요(2)

1 생물

> 생물(生物) : 생명을 가지고 스스로 살아가는 물체.
>
> └──→ '물건', '사물'이라는 뜻.
>
> 예) 바다에는 수많은 생물이 살고 있다.

🧒 **다음 설명을 읽고 '물'이 들어가는 낱말을 빈칸에 쓰세요.**

(1) 남에게 존경이나 애정의 뜻으로 주는 물건.

ㅅ	물

(2) 바다나 강 등, 물에서 나는 물건.

ㅅ	산	물

(3) 논밭에 심어서 가꾸는 곡식이나 채소 등의 물건.

ㄴ	작	물

(4) 자연 가운데 특별한 보호가 필요하여 법률로 정한 생물이나 일정한 구역.

ㅊ	여		념	물

2 준말

이건 지운이가 <u>주었어</u>. → 이건 지운이가 <u>줬어</u>.

'준말'은 낱말의 일부분이 줄어들어 만들어진 말입니다.
모음 'ㅗ/ㅜ'로 끝나는 말은 '-아/어'로 이어지는 말과 합쳐져 'ㅘ/ㅝ'로
줄여 쓸 수 있습니다.

다음 밑줄 친 말을 준말로 바꾸어 쓰세요.

(1) 이것 좀 먹어 <u>보아라</u>.

(2) 수정이가 무대에서 춤을 <u>추었대</u>.

(3) 정후가 닭을 닭장에 <u>가두었다</u>.

(4) 과자를 모두에게 똑같이 <u>나누어</u> 주었다.

(5) 현주가 목소리를 <u>낮추어</u> 비밀을 알려 주었다.

3 옷감과 옷

다음 설명을 읽고 알맞은 옷감을 찾아 쓰세요.

(1) 명주실로 짠, 빛을 비추면 반사되어 반짝거리는 천.

    * 명주실: 누에고치(누에의 번데기 집)에서 뽑은 가늘고 고운 실.

(2) 삼실로 짠 천. 여름 옷감으로 많이 쓴다.

    * 삼실: 삼('대마'라는 풀) 껍질에서 뽑아낸 실.

(3) 솜을 자아 뽑은 실로 짠 천.

    * 자아: 부풀었던 것을 눌러서 납작하게 만들어.

(4) 모시풀 껍질의 섬유로 짠 천. 여름옷이나 밧줄 등을 만든다.

    * 섬유: 실.

(5) 화석 연료에서 뽑은 실로 만든 천. ○○ 섬유.

    * 화석 연료: 옛날에 땅속에 묻힌 생물에서 만들어진 석유, 석탄 등의 연료.

보기   합성   삼베   모시   무명   비단

 **다음 그림과 설명을 보고 빈칸에 알맞은 낱말을 쓰세요.**

(6)

한복 윗옷의 하나. 속옷 겉에 입는다.

| ㅈ | ㄱ | 리 |

(7)

한복 윗옷의 하나. (6)의 겉에 입는다.

| 마 | ㄱ | 자 |

(8)

우리나라 고유의 겉옷. 주로 외출할 때 입는다.

| ㄷ | ㄹ | 마 | 기 |

(9)

바지나 치마 속에 껴입는 바지.

| ㅅ | 바 | 지 |

(10) 아래 그림에서 ①과 ②는 무엇인가요?

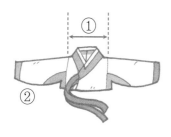

① 넓은 물체의 가로를 잰 길이.

| 포 |

② 윗옷의 좌우에 있어 두 팔을 넣는 부분.

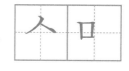
| ㅅ | ㅁ |

4 기후

어떤 지역에서 여러 해에 걸쳐 반복적으로 나타나는 날씨를 '기후'라고 합니다. 봄과 여름의 기후를 나타내는 낱말을 알맞게 찾아 쓰세요.

(1) 이른 봄, 꽃이 필 무렵에 오는 추위.

(2) 이른 봄에 살 속으로 스며드는 듯하게, 차고 매섭게 부는 바람.

(3) 햇볕이 몹시 뜨겁게 내리쬘 때의 더위.

(4) 습도(공기에 수증기가 들어 있는 정도)와 온도가 매우 높아 견디기 어려운 더위.

(5) 장마철(여름에 계속해서 비가 많이 오는 때)에 비가 아주 적게 오는 현상.

보기

꽃샘추위   무더위

마른장마   소소리바람   불볕더위

가을과 겨울의 기후를 나타내는 낱말을 알맞게 찾아 쓰세요.

(6) 늦가을에 처음 내리는, 묽은(물기가 많은) 서리.

　　* 서리: 수증기가 물체 표면에 얼어붙은 것.

(7) 늦가을에 아주 많이 내리는 서리.

(8) 초가을에, 비가 내리다 말다 반복하는 현상.

(9) 밤사이에 사람들이 모르게 내린 눈.

(10) 조금씩 잘게 내리는 눈.

(11) 비가 섞여 내리는 눈.

보기	건들장마	무서리	된서리
	가랑눈	진눈깨비	도둑눈

5 무슨 뜻일까요?

밑줄 친 낱말의 뜻을 찾아 번호를 쓰세요.

(1) 문단의 중심 문장을 찾고, 중심 생각을 <u>간추려</u> 보아라. ( )

　① 여럿 가운데에서 필요한 것을 골라 뽑아.

　② 글에서 중요한 점을 골라 간단하고 짤막하게 정리해.

(2) 장마철이 지나면 공기가 물기를 <u>머금어</u> 끈끈하게 덥다. ( )

　① 물기를 지녀.

　② 아주 없어지거나 사라져.

(3) 복숭아를 자꾸 만지면 <u>짓물러서</u> 못 먹는다. ( )

　① 때가 묻어서.

　② 썩거나 물렁물렁하게 되어.

(4) 땡감을 소금물에 며칠 담가 두면 <u>떫은맛</u>이 감쪽같이 사라진다. ( )

　① 거세고 텁텁한 맛.

　② 조금 신 맛.

(5) 이 그림에서 <u>풍요로움</u>이 느껴진다. ( )

　① 무척 많아서 넉넉함.

　② 품격이 높고 훌륭함.

제 5 과 자신의 경험을 글로 써요(1)

1 학교

🐱 **학교에서 일어나는 일입니다. 다음 설명에 알맞은 낱말을 빈칸에 쓰세요.**

(1) 학교에서 한동안 쉬었다가 다시 수업을 시작할 때 하는 행사.

(2) 다니던 학교에서 다른 학교로 옮겨 가서 배움.

(3) 학교에서 학기나 학년이 끝난 뒤, 더위나 추위를 피하기 위해 수업을 쉬는 일.

(4) 일의 결과나 사실 등을 널리 드러내어 알리는 일.

(5) 자신이 직접 경험하고 배우는 것.

(6) 학교를 세워 처음 문 연 날을 매년 기념하는 날.

2 무슨 낱말일까요?

(1) 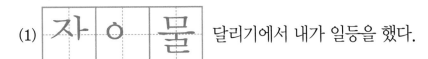 달리기에서 내가 일등을 했다.

　 * 어떤 일을 하는 데에 방해가 되는 물건.

(2) 현주와 내가 우리 반  를 만들기로 했다.

　 * 어떤 단체의 새로운 소식을 알리는 책.

(3) 천둥 치는 소리를 듣고  에 잠을 깼다.

　 * 자정(밤 12시)을 앞뒤로 한 깊은 밤.

(4) 어머니는 밤이 새도록 내  에서 나를 간호하셨다.

　 * 누운 사람의 머리 근처.

(5) 여름에  에서 복숭아를 따 먹은 일이

가장 기억에 남는다.

　 * 과일나무를 심은 밭.

(6) 동생이  에 걸려서 며칠 동안 학교에 못 갔다.

   * 장(창자)에 생기는 염증.

(7) 아버지는 동생을 업으시고, 어머니는 병원에 갈 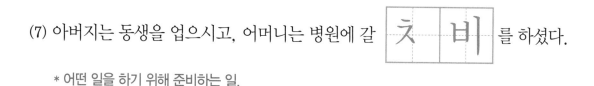 를 하셨다.

   * 어떤 일을 하기 위해 준비하는 일.

(8) 내가 준비물을 잘 챙겼는지 어머니께서 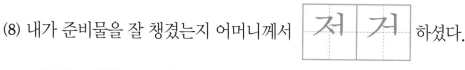 하셨다.

   * 하나하나 빠짐없이 검사하는 것.

(9) 우리 반 회장을 뽑기 위해 오늘 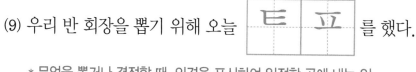 를 했다.

   * 무엇을 뽑거나 결정할 때, 의견을 표시하여 일정한 곳에 내는 일.

(10) 오늘 할 일을  에 써서 책상에 붙였다.

   * 어떤 내용을 적어 붙이기 위해 한쪽에 끈끈한 물질이 묻어 있는 종이.

(11) 소풍날 아침, 친구들은 모두 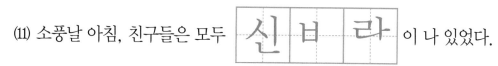 이 나 있었다.

   * 신이 나서 어깨가 우쭐거릴 정도로 즐거운 기분.

3 바르게 쓰기

 밑줄 친 낱말을 바르게 고쳐 쓰세요.

(1) <u>격었던</u> 일 가운데 가장 기억에 남는 일을 적는다.

(2) 감기에 걸린 동생이 자면서 <u>알는</u> 소리를 냈다.

(3) 이모께서 아기 숟가락에 반찬을 <u>언저</u> 주셨다.

(4) 해 질 때가 되자 하늘이 <u>불께</u> 물들었다.

(5) 오늘은 하늘이 <u>말고</u> 푸르다.

(6) 사막에는 모래가 <u>한업시</u> 펼쳐져 있다.

4 띄어쓰기

 다음 그림에 맞게, 띄어 쓸 곳에 ∨ 표 하세요.

(1)
아기가오리를좋아한다.

(2)
용돈이만원남았다.

(3)
하얀손수건으로닦아.

(4)
나물먹고싶다.

(5)
내일밤나무앞에서만나자.

제 6과 자신의 경험을 글로 써요(2)

1 축구

> 축구(蹴球) : 11명이 한 팀을 이루어, 주로 머리와 발을 사용하여 상대방의
> 골대에 공을 많이 넣는 것으로 승부를 겨루는 경기.
> → '공'이라는 뜻.
> 예) 우리 반은 오늘 2반과 축구 시합을 했다.

 다음 설명을 읽고, 공으로 하는 운동 경기 이름을 빈칸에 쓰세요.

(1) 9명이 한 팀으로, 투수가 던진 공을 방망이로 치며 공격과 수비를 하는 경기.

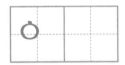

(2) 5명씩 두 편으로 나뉘어, 공중에 띄운 골대에 공을 던져 넣는 경기.

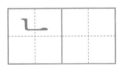

(3) 6명이 한 팀으로, 손으로 공을 쳐서 경기장 가운데의 그물을 넘기는 경기.

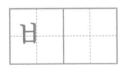

(4) 나무 탁자 가운데에 그물을 치고 라켓으로 공을 쳐서 넘기는 경기.

  * 라켓: 공으로 하는 운동 경기에서, 공을 치는 기구.

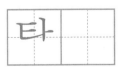

2 같은 모양, 다른 뜻

 다음 문장을 보고, 괄호 안에 공통으로 들어갈 낱말을 빈칸에 쓰세요.

(1)

ㄱ

① 누가 범인인지 (   )을 잡았다.
  * 느낌이나 생각.

② 할머니께서 나무에 (   )을 몇 개 남겨 놓으라고 하셨다.
  * 둥글고 붉은빛이 나는 열매. 가을에 열리며 익지 않으면 떫은맛이 난다.

(2)

여 사

① 기온이 많이 올라서 오늘은 (   ) 3도나 된다.
  * 0℃ 이상의 온도.

② 우리는 텔레비전으로 치즈 만드는 (   )을 보았다.
  * 영화관이나 텔레비전 등의 화면에 나타나는 모습.

(3)

ㄱ 는 다

① '팔이 안으로 (   )'는 속담이 있다.
  * 한쪽으로 접힌다.

② 누나가 모닥불에 고구마를 (   ).
  * 불에 익힌다.

(4)

ㅁ 았 다

① 강아지가 음식 냄새를 (   ).
  * 코로 냄새를 느꼈다.

② 모둠 친구들이 과제를 한 가지씩 (   ).
  * 어떤 일에 대한 책임을 지고 담당했다.

3 띄어쓰기

> 낱말과 낱말 사이는 띄어 씁니다.
>
> 저 ∨ 신발 ∨ 사고 ∨ 싶다.
>
> 다만, '이/가, 을/를, 은/는, 의' 같은 말은 앞말에 붙여 씁니다.
>
> 누나가 나의 머리를 쓰다듬었다.

 괄호 안의 띄어쓰기 횟수를 참고하여, 띄어야 할 부분에 ∨ 표를 하세요.

(1)
> 윤주는현규를좋아한다. (2)

(2)
> 아버지의목소리가들렸다. (2)

(3)
> 책을읽으면지식이많아진다. (3)

(4)
> 민지가열이많이나는구나. (3)

(5)
> 수현이는동생이아팠던일을골라서글을썼다. (6)

> "아이고, ∨ 이게 웬일이야!"
> 영감은 턱을 만져 보았다. ∨ 턱에 붙어 있던 혹이 없었다.
> **마침표(.)나 쉼표(,) 뒤에 오는 말은 띄어 씁니다.**

(6) 다음 문장에서 띄어야 할 곳에 ∨ 표 하세요. 괄호 안의 숫자만큼 표시하세요.

① 이렇게쥐부부는바람,돌부처를찾아갔다.(5)

② 쥐부부는집으로돌아왔다. 딸은멋진쥐와결혼을했다.(8)

> **하지만 원고지에 쓸 때에는 마침표나 쉼표 뒤에 띄어 쓰지 않습니다.**

	옛	날	에		쥐		가	족	이
살	았	다	.	딸	은		시	집	
갈		나	이	가		됐	다	.	
	"	해	님	,	저	희		딸	과
결	혼	해		주	세	요	.	"	

나는 문구점에 가서 연필 세 ∨자루를 사 왔다.

단위를 나타내는 말은 수를 나타내는 말과 띄어 씁니다.

다음 문장을 괄호 안의 횟수만큼 띄워서 원고지에 옮겨 쓰세요.

(7) 어머니께서신발한켤레를사셨다.(4)

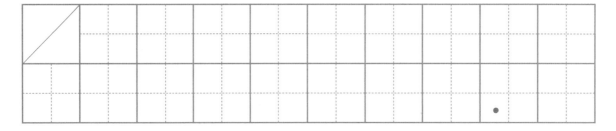

(8) 참새가1백여마리나앉아있다.(4)

(9) 그림한폭이감쪽같이사라졌다.(4)

* 폭: 그림을 세는 단위.

감동을 나타내요(1)

1 감각

🐱 눈, 귀, 코, 혀, 살갗을 통해 보고, 듣고, 냄새 맡고, 맛보고, 느끼는 다섯 가지 능력을
감각이라고 해요. 설명에 알맞은 감각을 보기에서 찾아 쓰세요.

(1) 눈으로 사물의 모양이나 상태를 느끼는 감각.

(2) 귀로 소리를 느끼는 감각.

(3) 코로 냄새를 느끼는 감각.

(4) 혀로 맛을 느끼는 감각.

(5) 살갗으로 어떤 것이 닿는 것을 느끼는 감각.

| 보기 | 청각 | 미각 | 촉각 | 시각 | 후각 |

2 음악

음악과 관련 있는 낱말입니다. 빈칸에 알맞은 낱말을 쓰세요.

(1) 준하는 | 건 | 반 | 에 손을 얹고 멋진 음악을 들려주었다.

    * 피아노에서 손가락으로 눌러 소리를 내는 흰거나 검은 막대.

(2) 가야금 | 연 | 주 | 가 끝나자 객석에서 박수가 터져 나왔다.

    * 악기를 다루어서 음악을 들려주는 것.

(3) | 플 | 랫 | 이 표시된 곳에서는 반음을 내려서 쳐야 한다.

    * 악보에서 음의 높이를 반음 내리게 하는 기호(♭).

(4) 삼촌은 무대에 오르시기 전에 기타를 | 조 | 율 | 하셨다.

    * 악기 소리를 기준이 되는 소리에 가깝게 맞추는 것.

(5) 베토벤은 장애를 이겨 내고 수많은 | 곡 | 을 만들었다.

    * 음악 작품.

(6) | 아 | 코 | 디 | 언 | 은 우리말로 '손풍금'이라고도 한다.

    * 주름상자를 밀고 당기면서 건반을 눌러 소리를 내는 악기.

3 낱말 뜻풀이

빈칸에 알맞은 낱말을 넣어서 밑줄 친 낱말의 뜻을 풀이하세요.

(1) 윤주는 〈별난 양반 이 선달 표류기〉를 재미있게 읽었다.

* 표류기: 물 위에 떠서 이리저리 흘러간 경험을 적은 　그　.

(2) 보라는 도서관에서 책을 한 아름 빌렸다.

* 아름: 두 　파　을 둥글게 모아서 만든 둘레.

(3) 개구리는 물과 뭍 어디서나 살 수 있다.

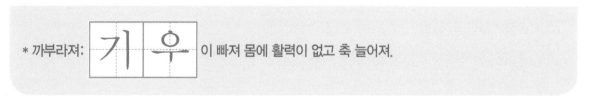

* 뭍: 　따　 또는 육지.

(4) 형규는 밤새 앓다가 새벽녘에야 까부라져 잠이 들었다.

* 까부라져: 　기　우　이 빠져 몸에 활력이 없고 축 늘어져.

(5) 목이 말랐는지 효리는 물을 거푸 세 잔이나 들이켰다.

* 거푸: 　계　스　해서.

4 무슨 뜻일까요?

밑줄 친 말의 알맞은 뜻을 찾아 번호를 쓰세요.

(1) 인우는 책을 보다가 <u>까무룩</u> 잠이 들었다.　　　　　　　(　　)

① 생각이 갑자기 떠오르는 모양.

② 정신이 갑자기 흐려지는 모양.

(2) 현수는 일 분도 가만히 못 있고 <u>옴지락거렸다</u>.　　　　(　　)

① 느릿느릿 자꾸 움직였다.

② 시끄럽게 떠들었다.

(3) 명수는 동생에게 글자를 가르쳐 주려고 <u>애를 썼다</u>.　　(　　)

① 어떤 일에 몸과 마음을 다하여 힘썼다.

② 아이들을 불러 모았다.

(4) 아기가 <u>꼬까신</u>을 신고 아장아장 걸어간다.　　　　　　(　　)

① 고깔 모양의 신발.

② 어린아이가 신는 알록달록한 신발.

(5) 오늘 날씨는 어제와 <u>딴판</u>이다.　　　　　　　　　　　(　　)

① 똑같은 모습이나 상황.

② 전혀 다른 모습이나 상황.

5 흉내 내는 말

🐹 **빈칸에 흉내 내는 말을 알맞게 찾아 쓰세요.**

(1) 송충이가 [   ] 나뭇가지를 기어오른다.

    * 몸을 느리게 움직이는 모양.

(2) [   ] 익은 귤을 보니 입안에 군침이 돌았다.

    * 탱탱하고 둥글둥글한 모양.

(3) 오이 껍질에는 돌기가 [   ] 나 있다.

    * 물건의 겉면이 고르지 못하고 여기저기 부풀어 볼록볼록한 모양.

(4) 비를 맞았더니 몸이 [   ] 떨렸다.

    * 춥거나 무서워서 몸이 작게 자꾸 떨리는 모양.

(5) 강물 위에 배 한 척이 [   ] 떠 있다.

    * 보드랍고 가볍게 자꾸 움직이는 모양.   * 척: 배를 세는 단위.

보기　　오들오들　　　굼질굼질　　　탱글탱글

　　　　　　남실남실　　　오톨도톨

6 배

그림과 설명을 보고, 배의 각 부분에 알맞은 이름을 찾아 쓰세요.

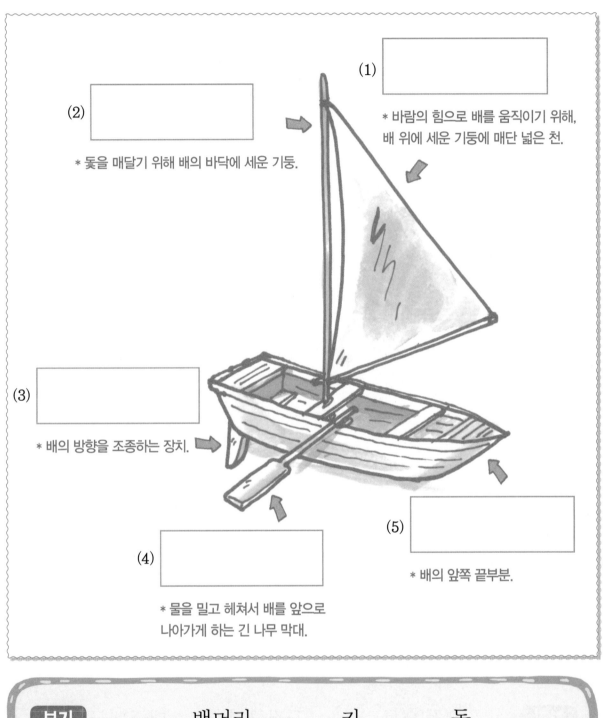

(1)
* 바람의 힘으로 배를 움직이기 위해, 배 위에 세운 기둥에 매단 넓은 천.

(2)
* 돛을 매달기 위해 배의 바닥에 세운 기둥.

(3)
* 배의 방향을 조종하는 장치.

(4)
* 물을 밀고 헤쳐서 배를 앞으로 나아가게 하는 긴 나무 막대.

(5)
* 배의 앞쪽 끝부분.

보기   뱃머리   키   돛

돛대   노

7 바르게 쓰기

밑줄 친 낱말을 바르게 고쳐 쓰세요.

(1) 나는 낭떨어지에서 떨어지는 꿈을 자주 꾼다.

_____

(2) 동호는 우리 반에서 등치가 제일 크다.

_____

(3) 핑게 대지 말고 약속 시간에 늦은 이유를 솔직히 말해 봐.

_____

(4) 먹구름이 하늘을 뒤덥었다.

_____

(5) 동생은 그림책을 꺼꾸로 들고 본다.

_____

(6) 보영이는 남석이의 얼굴을 뚤어지게 바라보았다.

_____

(7) 길 잃은 새끼 고양이가 상우의 머릿속에 멤돌았다.

_____

제8과 감동을 나타내요(2)

1 표준어를 찾아요

우리말에는 표준어가 두 개인 낱말이 있어요.

준수는 [자장면(○)
        짜장면(○)]을 좋아한다.

＊고기와 채소를 넣어 볶은 중국 된장에 국수를 비벼 먹는 음식.

다음 낱말 가운데에서 표준어를 찾아 동그라미 하세요. 둘 다 표준어일 경우에는 두 개 모두 동그라미 하세요.

(1) 세정이는 눈이 참 [예쁘다 (   )
                    이쁘다 (   )].

(2) 민경이는 사소한 일에도 쉽게 [삐친다 (   )
                              삐진다 (   )].

(3) 민정이는 공부는 안 하고 [만날 (   )
                          맨날 (   )] 만화책만 본다.

(4) 인절미가 말랑말랑하고 무척 [차지다 (   )
                            찰지다 (   )].

＊퍽퍽하지 않고 끈기가 많다.

2 달

 시간이 지나면서 달의 모양도 다르게 보여요. 그 모양에 따라 우리가 부르는 이름도 달라지지요. 그림을 보고 달의 이름을 쓰세요.

(1) 음력으로 매월 1일부터 처음 며칠 동안 뜨는 달.

(2) 음력으로 매월 7~8일에 나타나는 반원 모양의 달. 달의 오른쪽이 보인다(상현달).

(3) 음력으로 매월 15일 밤에 뜨는 둥근달.

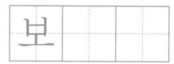

(4) 음력으로 매월 22~23일에 나타나는 반원 모양의 달. 달의 왼쪽이 보인다(하현달).

(5) 음력으로 매월 마지막 날 전에 며칠 동안 뜨는 달.

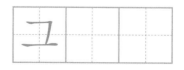

3 무슨 낱말일까요?

설명을 읽고, 빈칸에 알맞은 낱말을 넣어 문장을 완성하세요.

(1) 형규는 감기에 걸려 온몸이 | 부 | 더 | 이 | 가 되었다.

  * 열이 몹시 나는 것을 빗대어 이르는 말.

(2) 날씨가 너무 더워 | 드 | 골 | 에 땀이 흘렀다.

  * 사람의 등 한가운데 좁고 길게 들어간 곳.

(3) 창문을 열면 푸른 바다가 | ㅋ | 아 | 에 펼쳐졌다.

  * 코의 바로 앞이라는 뜻. 아주 가까운 곳을 가리키는 말.

(4) 헬렌 켈러는 손끝으로 수많은 | 저 | ㅈ | 책 | 을 읽었다.

  * 시각장애인이 읽을 수 있도록 만든 책. 시각장애인용 문자를 손가락으로 더듬어 읽는다.

(5) 어머니께서 감자를 | 가 | 파 | 에 가셨다.

  * 무, 생강 등을 갈아서 즙을 내는 데 쓰는 기구.

(6) 동 ㅈ 서 다 은 1년 중 가장 추운, 한겨울을 뜻한다.

＊음력으로 11월인 동짓달과 12월인 섣달을 아울러 이르는 말.

(7) 공부도 안 하고 게임만 한다고 어머니께 누 초 을 받았다.

＊못마땅하거나 미워서 쏘아보는 눈길.

(8) 풍 라 때문에 배가 심하게 흔들렸다.

＊바람과 물결을 함께 이르는 말.

(9) 장화와 홍련은 억울함을 풀고 나서야 ㅈ ㅅ 으로 돌아갔다.

＊사람이 죽은 뒤에 그 영혼이 가서 산다는 세상. 🔁 이승

(10) 교장 선생님께서 들어오시자 소란스럽던 교실에 치 무 이 흘렀다.

＊입을 다물고 조용히 있음.

(11) 아저씨는 앞을 보지 못하는 사람들을 위하여 안 ㄱ 를 기증하기로 약속

하셨다.

＊눈알의 한자어.

4 누구일까요?

설명을 읽고, 빈칸에 알맞은 이름을 찾아 쓰세요.

(1) 옛날에 군사를 이끄는 우두머리.

(2) 악기의 소리를 표준음에 가깝도록 맞추는 일을 직업으로 하는 사람.

(3) 나이 많은 남자를 낮추어 부르던 말.

(4) 바닷속 용궁을 지배하고 다스리는 임금.

* 용궁: 바닷속 임금이 사는 궁전.

(5) 과거에 급제했으나 벼슬을 받지 못한 사람.

* 벼슬: 조선시대에 나랏일을 맡아보던 자리.

(6) 노 젓는 작은 배로 손님을 건네주던 사람.

보기	첨지	뱃사공	장수
	용왕	조율사	선달

5 –하다

'–하다'가 붙는 낱말입니다. 빈칸에 알맞은 말을 넣어 문장을 완성하세요.

(1) 비가 곧 쏟아지려는지 하늘이 ☐☐☐☐☐☐☐☐ 하다.

　　* 날씨나 분위기가 어둡고 침침하다.

(2) 늘 시끄럽던 운동장이 오늘은 웬일로 ☐☐☐☐☐☐☐☐ 하다.

　　* 분위기가 소란하지 않고 조용하다.

(3) 다섯 살짜리가 구구단을 외다니, 정말 ☐☐☐☐☐☐☐☐ 하다.

　　* 매우 대견하고 칭찬해 줄 만하다.

(4) 한밤중에 귀신 이야기를 들으니 등골이 ☐☐☐☐☐☐☐☐ 하다.

　　* 몹시 무섭거나 추워서 몸이 움츠러들거나 소름이 끼치다.

(5) 좋다는 건지 싫다는 건지 문주의 대답이 ☐☐☐☐☐☐☐☐ 하다.

　　* 이것인지 저것인지 분명하지 못하다.

보기	잠잠	애매	오싹
	우중충	신통방통	

6 원고지 쓰기

괄호 안의 띄어쓰기 횟수를 참고하여 다음 문장을 옮겨 쓰세요.

(1) 집이바로코앞인걸요.(2)

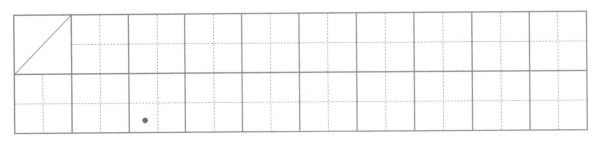

(2) 손을눈썹위에갖다댄채동쪽과서쪽을둘러보았다.(8)

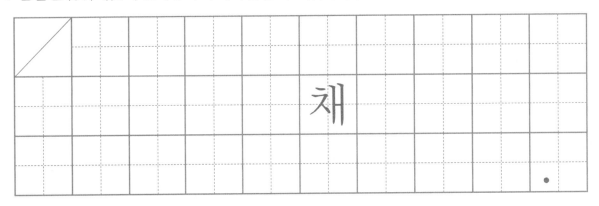

(3) 가는곳모르고배가떠돈지아흐레째되는날이었다.(8)

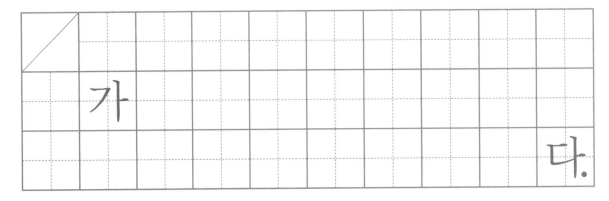

제 9 과   바르게 대화해요(1)

1 알맞은 높임 표현

대화를 할 때에는 대상에 따라 알맞은 높임말을 씁니다.

높임말 : 웃어른을 공경하기 위하여 쓰는 말.

① 높임 대상에게 '께'나 '께서'를 붙이고, 높임을 나타내는 말 '-시-'를 붙여요.

예) 어머니께서 학교에 오신다.

② 문장 끝에 '요'나 '-습니다'를 써요.

③ 높임을 나타내는 표현을 써요.

예) 병 → 병환, 있다 → 계시다

단, 사물에는 높임말을 쓰지 않아요.

예) 사과주스 나왔습니다(○), 사과주스 나오셨습니다(×)

예사말 : 친구나 친한 사람에게 쓰는 보통의 말.

문장을 읽고, 알맞은 말에 동그라미 하세요.

(1) 수정아, 풀을 빌려 주어서 (고마워 / 고맙습니다).

(2) (할머니가 / 할머니께서) 사과를 사 오셨습니다.

(3) 너희 할아버지께서는 (나이 / 연세)가 어떻게 되시니?

(4) 책상 위에 어머니의 지갑이 (있다 / 있으시다).

밑줄 친 부분을 높임말로 고쳐 쓰세요.

(5) 할아버지, 밥 잡수세요.

（　　　　　　　　　　　）

(6) 할머니께서 자고 계시니까 조용히 하거라!

（　　　　　　　　　　　）

(7) 희주는 어머니를 데리고 학교에 갔습니다.

（　　　　　　　　　　　）

(8) 우리는 아버지께 생일 선물로 모자를 주었습니다.

（　　　　　　　　　　　），（　　　　　　　　　　　）

(9) 친척 아저씨가 우리 집에 왔습니다.

（　　　　　　　　　　　），（　　　　　　　　　　　）

(10) 나는 아버지께 할아버지 이름을 물어 보았습니다.

（　　　　　　　　　　　），（　　　　　　　　　　　）

![cat icon] **문장을 읽고, 예사말과 높임말을 알맞게 사용하여 문장을 고쳐 쓰세요.**

(11) 할아버지, 어디 가?

_____

(12) 나는 동생에게 생신 선물로 필통을 드렸습니다.

_____

(13) 선생님께서 딸기를 먹고 있습니다.

_____

(14) 손님, 주문하신 자장면 나오셨습니다.

_____

(15) 고모, 이 영화 봤어?

_____

(16) 오늘 아버지가 부산으로 출장을 갔습니다.

_____

2 무슨 낱말일까요?

 설명을 읽고, 빈칸에 알맞은 낱말을 넣어 문장을 완성하세요.

(1) 진수는 감기에 걸려 | ㄱ | ㅅ | 을 했다.

      ＊수업이나 모임 따위에 참석하지 않음.

(2) 이번 주 청소 | 다 | 벼 | 은 나와 정아다.

      ＊어떤 일을 책임지고 할 차례가 된 사람.

(3) 범수는 | 마 | 트 | 가 부드럽고 상냥하다.

      ＊말에서 드러나는 독특한 방식. 말하는 투.

(4) 우리는 아버지를 마중하러 | 고 | 하 | 으로 갔다.

      ＊비행기가 뜨고 내릴 수 있게 시설을 갖춘 곳. **비** 비행장   ＊마중: 오는 사람을 나가서 맞이함.

(5) 앞으로 네 용돈은 네가 | 과 | ㄹ | 하거라.

      ＊일이나 사물, 시설 등을 맡아서 돌보는 것.

3 바르게 읽기(합쳐져 나는 소리)

'ㄱ, ㅂ, ㅈ'이 'ㅎ'과 만나면 합쳐져서 [ㅋ], [ㅍ], [ㅊ]으로 소리 납니다.

예) 축하[추카], 급히[그피], 쌓지[싸치]

밑줄 친 낱말을 소리 나는 대로 쓰세요.

(1) 강한 사람은 <u>약한</u> 사람을 도와주어야 한다.   [   ]

(2) 종이 울리자 태수는 <u>급히</u> 뛰어나갔다.   [   ]

(3) 도서관에 책이 <u>많지</u> 않다.   [   ]

바르게 읽은 것을 찾아 동그라미 하세요.

(4) 비가 와서 집에만 있으려니 <u>답답하다.</u>
　① [답따바다] (　　　)　　　　② [답따파다] (　　　)

(5) 전화를 <u>끊자마자</u> 전화벨이 울렸다.
　① [끈짜마자] (　　　)　　　　② [끈차마자] (　　　)

(6) 승주가 전학을 가게 되어서 <u>섭섭하다.</u>
　① [섭써바다] (　　　)　　　　② [섭써파다] (　　　)

제10과 바르게 대화해요(2)

1 –적

🐾 **빈칸에 '–적'이 들어간 낱말을 보기에서 찾아 쓰세요.**

(1) 진현이는 자신에게 어떤 일이 닥쳐도 ☐☐☐ 으로 생각한다.

      * 옳거나 좋다고 생각하는 것.

(2) 가장 ☐☐☐ 인 장면은 심청이가 물에 빠지는 부분이다.

      * 어떤 것이 마음에 강하게 남는 것.

(3) 네 가방이 어떻게 생겼는지 ☐☐☐ 으로 설명해 줘.

      * 작은 부분까지 담고 있는 것.

(4) 하고 싶은 일은 ☐☐☐ 으로 해야 한다.

      * 어떤 일을 스스로 열심히 하려는 것.

보기   인상적   긍정적   적극적   구체적

2 무슨 뜻일까요?

밑줄 친 낱말의 알맞은 뜻을 찾아 번호를 쓰세요.

(1) 선생님께서는 친구들과 사이좋게 지내라고 <u>당부하셨다</u>. 　　(　)

   ① 말로 강하게 부탁하셨다.

   ② 무섭게 꾸짖으셨다.

(2) 그때는 아버지의 깊은 뜻을 <u>헤아리지</u> 못했다. 　　(　)

   ① 옳다고 인정하지.

   ② 미루어 짐작하거나 살피지.

(3) 친구 사이에도 서로 <u>존중하는</u> 마음을 지녀야 한다. 　　(　)

   ① 높이 받들고 소중하게 여기는.

   ② 서로 이기거나 앞서려고 다투는.

(4) 웃어른과 대화할 때에는 <u>공손한</u> 태도로 말해야 한다. 　　(　)

   ① 예의가 바르고 얌전한.

   ② 힘차고 시원시원한.

(5) 어머니께서는 마라톤을 완주한 내가 <u>대견하다며</u> 꼭 껴안아 주셨다. 　　(　)

   ① 신기하고 놀랍다며.

   ② 자랑스럽고 훌륭하다며.

3 바르게 쓰기

(1) 자기보다 나이가 많은 사람을 〔 웃어른 / 윗어른 〕 이라고 한다.

(2) 효주는 〔 된장찌게 / 된장찌개 〕 를 좋아한다.

(3) 진우는 옷을 잘 차려 입는 〔 멋쟁이다 / 멋장이다 〕.

(4) 민영이는 할아버지께 〔 쥬스 / 주스 〕 를 가져다 드렸다.

(5) 윤후네 집이 이 골목인지 저 골목인지 〔 헷갈린다 / 햇갈린다 〕.

(6) 창문을 좀 열어도 〔 괜찬겠니 / 괜찮겠니 〕 ?

4 전화

 용재와 할머니의 전화 대화입니다. 밑줄 친 말을 높임말로 바르게 고쳐 쓰세요.

용재: 여보세요?

할머니: 용재냐? 할머니다.

용재: 할머니, 안녕하세요? 할머니, 저희 집에 빨리 (1)오면 좋겠어요.

할머니: 안 그래도 이번 토요일에 간단다.

용재: 그럼 제가 할머니 (2)데리러 공항에 갈게요. 할아버지도 옆에 (3)있어?

할머니: 할아버지는 피곤하신지 일찍 잠자리에 드셨단다.

용재: 벌써 (4)자? 8시도 안 됐는데. 할머니, 할아버지 무척 (5)보고 싶어요.

할머니: 할머니도 용재가 보고 싶구나. 선물도 사 뒀단다.

용재: 정말요? 할머니 고맙습니다. 저도 할머니께 (6)줄 선물이 있어요.

할머니: 그래, 건강히 잘 지내고 토요일에 만나자.

(1) 오면 ⟶ _____

(2) 데리러 ⟶ _____

(3) 있어 ⟶ _____

(4) 자 ⟶ _____

(5) 보고 ⟶ _____

(6) 줄 ⟶ _____

5 원고지 쓰기

괄호 안의 띄어쓰기 횟수를 참고하여 다음 문장을 옮겨 쓰세요.

(1) 밥을먹은지30분이지났다. (4)

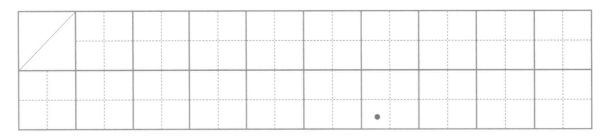

(2) 하루에한번씩당번을바꾸는게좋을것같아. (8)

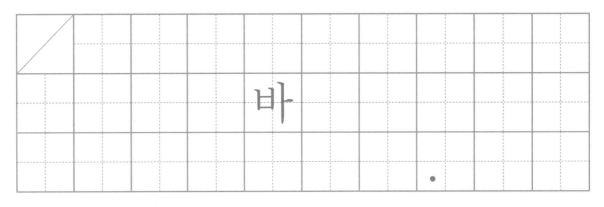

(3) 자신이할말만하고전화를끊어서당황한적이있어. (8)

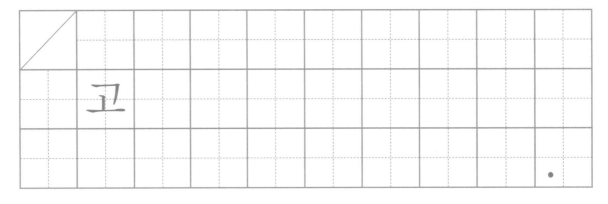

제11과 마음을 담아 글을 써요(1)

1 전학

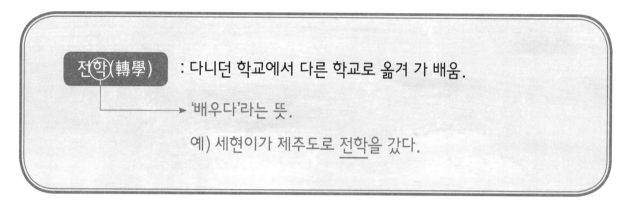

전학(轉學) : 다니던 학교에서 다른 학교로 옮겨 가 배움.

→ '배우다'라는 뜻.

예) 세현이가 제주도로 <u>전학</u>을 갔다.

'배우다'의 뜻을 지닌 '학'이 들어간 낱말을 빈칸에 알맞게 쓰세요.

(1) 동생은 올해 초등학교에 | 입 | | 을 했다.

* 학생이 되어 공부하기 위해 학교에 들어감.

(2) 이모는 그림 공부를 하러 프랑스로 | 유 | | 을 떠나셨다.

* 외국에 머물면서 공부함.

(3) 성규는 | 개 | | 이 다가오자 밀린 숙제를 하느라 바빴다.

* 학교에서 방학이 끝나고 다시 공부를 시작하는 것.

(4) 삼촌은 | 고 | | 으로 대학을 졸업하셨다.

* 학비를 스스로 벌어 고생하면서 학교에 다니는 것.

2 무슨 낱말일까요?

문장을 읽고 빈칸에 들어갈 낱말을 알맞게 쓰세요.

(1) 효주는 슬픈 | 가 | 저 | 을 참지 못하고 눈물을 흘렸다.

　　* 기쁨, 슬픔, 두려움처럼 어떤 일을 겪을 때 드는 느낌.

(2) 태민이는 청소 시간에 | 따 | 전 | 을 부리다 선생님께 꾸중을 들었다.

　　* 어떤 일을 하는 데 그 일과는 전혀 관계없는 일이나 행동.

(3) 내가 던진 | 얌 | 치 | 고 | 이 바닥을 맞고 통통 튀어 올랐다.

　　* 고무로 만든 작고 말랑말랑한 공.

(4) 아기 백조는 자신이 못생긴 새끼 오리인 줄 | 차 | 가 | 했다.

　　* 어떤 사실을 실제와 다르게 생각함.

(5) 우리는 | 제 | ㅂ | 뽀 | 기 | 로 술래를 정했다.

　　* 어떤 사람을 뽑거나 승부를 가리기 위해 여럿 가운데에서 어느 하나를 뽑게 하는 일.

(6) 언니는 또 지각을 했냐며 내게 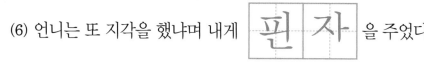 을 주었다.

　　　* 기분 상하는 말투로 야단치는 것.

(7) 세찬이는 은주를 보더니 운동장을 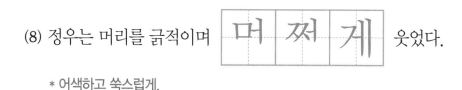 뛰어왔다.

　　　* 어떤 곳을 가로로 지나.

(8) 정우는 머리를 긁적이며 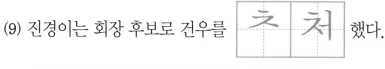 웃었다.

　　　* 어색하고 쑥스럽게.

(9) 진경이는 회장 후보로 건우를 했다.

　　　* 어떤 일에 알맞은 사람이나 물건을 믿고 소개하는 것.

(10) 은실아, 봉사 활동에 해 보니 기분이 어떠니?

　　　* 어떤 일에 끼어서 함께 하는 것.

(11) 원호가 내 쪽지를 읽고 어떤 을 보일지 궁금하다.

　　　* 자극을 받아서 어떤 움직임이 생기는 것.

3 어울리는 말

 신체와 관련된 말입니다. 뜻을 잘 읽고, 괄호 안에 들어갈 말을 줄로 연결하세요.

(1) 이 •

• ( ) 를 기울이다.
→ 관심을 가지고 듣다.

(2) 발바닥 •

• ( ) 를 악물다.
→ 어려움을 헤쳐 나가려고 굳게 결심하다.

(3) 귀 •

• ( ) 에 불이 나다.
→ 몹시 바쁘게 돌아다니다.

(4) 눈앞 •

• ( ) 가 무겁다.
→ 무거운 책임을 져서 부담이 크다.

(5) 어깨 •

• ( ) 이 캄캄하다.
→ 어찌할 바를 모르다.

4 무슨 뜻일까요?

밑줄 친 말의 알맞은 뜻을 찾아 번호를 쓰세요.

(1) 다혜는 지각을 할까 봐 동생을 <u>재촉했다</u>.   (   )

  ① 간절히 부탁했다.

  ② 어떤 일을 빨리 하도록 졸랐다.

(2) 친구들이 웃자 종민이도 <u>덩달아</u> 웃었다.   (   )

  ① 까닭도 모른 채 남이 하는 대로 따라서.

  ② 입속이 훤히 들여다보일 정도로 크게.

(3) 비가 오는데 우산이 없으면 <u>곤란하잖아</u>.   (   )

  ① 창피하고 화가 나잖아.

  ② 매우 딱하고 어렵잖아.

(4) 재형이는 시험을 앞두고 <u>안절부절못했다</u>.   (   )

  ① 마음이 불안하여 어쩔 줄을 몰랐다.

  ② 이리저리 왔다 갔다 하며 방향을 잡지 못했다.

(5) 태정이는 <u>들뜬</u> 마음으로 소풍 가방을 챙겼다.   (   )

  ① 마음이나 분위기가 가라앉지 않고 흥분된.

  ② 마음이나 분위기가 가라앉고 안정된.

5 '-데'와 '-대'

> -(는)데 : 말하는 사람이 겪은 일을 말할 때에 씁니다.
>
> -(는)대 : 다른 사람에게 들은 말을 전할 때에 씁니다.
> '-(는)다고 해'의 준말입니다.

문장을 읽고, 바르게 쓴 낱말에 동그라미 하세요.

(1) 선생님께서 오늘까지 그림 숙제를 내라고 (하셨데 / 하셨대).

(2) 비가 온다고 해서 장화를 (신었는데 / 신었는대) 비가 안 온다.

(3) 아침 자습 시간에도 분명히 (있었는데 / 있었는대) 아무리 찾아봐도 없다.

(4) 도서관에 가는 (길인데 / 길인대), 친구도 아직 도착하지 (않았데 / 않았대).

'-데'와 '-대' 가운데 알맞은 말을 빈칸에 쓰세요.

(5) 정은이가 '착한 어린이상'을 받았 ☐ .

(6) 나 혼자 집에 있는 ☐ 초인종이 울려서 깜짝 놀랐어.

(7) 동주가 그러는 ☐ , 희민이가 나영이를 좋아한 ☐ .

제12과 마음을 담아 글을 써요(2)

1 -껏

> **-껏**
> ① 어떤 낱말 뒤에 붙어 '~이 닿는 데까지'라는 뜻을 나타내요.
> 예) 힘껏, 정성껏, 목청껏
>
> ② 때를 나타내는 말 뒤에 붙어 '그때까지 내내'라는 뜻을 나타내요.
> 예) 지금껏

빈칸에 위에서 배운 '-껏'이 들어가는 낱말을 넣어 문장을 완성하세요.

(1) 우리는 대한민국 선수들을 [   ] 응원했다.

* 있는 힘을 다해서 가장 큰 소리로.

(2) 우재는 축구공을 [   ] 발로 찼다.

* 있는 힘을 다하여.

(3) 이 책은 내가 [   ] 읽은 것 중에서 가장 재미있다.

* 지금까지.

(4) 어머니는 몸이 불편하신 할머니를 [   ] 보살펴 드렸다.

* 있는 정성을 다하여.

2 응원

빈칸에 알맞은 낱말을 넣어 문장을 완성하세요.

(1) 오늘은 가을 　ㅇ　ㄷ　ㅎ　 를 하는 날이다.

    * 여러 사람이 모여 여러 가지 운동 경기를 하는 모임.

(2) 나는 우리 반 대표 　ㅇ　ㅇ　다　ㄹ　ㄱ　 선수로 뽑혔다.

    * 같은 편 네 명의 선수가 일정한 거리를 나누어, 차례로 막대기를 이어 받고 달리는 경기.

(3) 기찬이는 이를 악물고 달려서 나에게 　배　ㅌ　 을 넘겨주었다.

    * 달리기 경기에서, 앞 선수가 다음 선수에게 넘겨주는 막대기.

(4) 나는 일등으로 달리다가 반 　바　ㅋ　 를 남기고 넘어졌다.

    * 어떤 곳 둘레를 빙 돌아서 제자리까지 돌아오는 횟수를 세는 말.

(5) 비록 　꼬　　 를 했지만, 아이들은 나를 응원해 주었다.

    * 성적이나 등수 등의 차례에서 맨 끝.

3 마음

'마음'을 뜻하는 낱말입니다. 설명을 읽고, 알맞은 낱말을 찾아 쓰세요.

(1) 무엇을 하기로 굳게 정한 마음.

(2) 거짓이 없는 참된 마음.

(3) 두려워하고 무서워하는 마음.

(4) 불안하거나 걱정이 없는 편안한 마음.

(5) 남에게 굽히지 않고 스스로 높이는 마음.

(6) 남에게 베푸는 마음.

보기 | 진심   자존심   결심

안심   공포심   인심

4 비슷한말

밑줄 친 낱말의 비슷한말을 빈칸에 쓰세요.

(1)
승아와 공기놀이를 하는데 경규가 와서 <u>훼방</u>을 놓았다.

도서관에서 떠들면 다른 사람에게 바 ㅎ 가 된다.

(2)
선수들은 반드시 이기겠다는 <u>각오</u>로 경기에 출전했다.

정환이는 훌륭한 과학자가 되겠다고 다 지 했다.

(3)
실패를 두려워하지 않는 용기가 그의 성공 <u>비결</u>이다.

어머니의 요리에는 특별한 ㅂ ㅃ 이 있다.

(4)
해찬이가 찬 공은 담을 넘어 <u>멀리</u> 날아갔다.

준희는 도영이와 머 쯔 이 떨어져 앉았다.

(5)
어머니의 고향은 사과로 유명한 <u>고장</u>인 안동이다.

선생님께서 우리 ㅈ 여 의 자랑거리를 조사해 오라고 하셨다.

5 흉내 내는 말

 빈칸에 흉내 내는 말을 알맞게 넣어 문장을 완성하세요.

"동구야, 지금 안 일어나면 또 지각이야."

동구는 눈을 비비며 (1) [   ] 일어났다.

* 눕거나 앉았다가 슬그머니 일어나는 모양.

운동장에서는 아이들이 달리기 연습을 하고 있었다. 동구는 친구들의

모습을 (2) [   ] 쳐다보았다. 운동에 자신이 없는

* 우두커니 한곳을 바라보는 모양.

동구는 심술이 나서 돌멩이를 발로 찼다. 그런데 동구가 은행나무를 맞히

는 바람에, 그 밑에 서 계시던 선생님 머리 위로 은행잎이

(3) [   ] 떨어졌다. 동구는 다리를

* 물건이 한꺼번에 많이 쏟아지는 소리나 모양.

(4) [   ] 꼬며 안절부절못했다. 선생님과 눈이 마주친

* 여러 번 작게 꼬이거나 뒤틀린 모양.

동구는 눈을 (5) [   ] 감았다. 동구는 "죄송합니다,

* 눈을 힘껏 감는 모양.

선생님!" 하고 외친 후, 발바닥에 불이 나도록 내달렸다.

보기　물끄러미　배배　우수수　질끈　부스스

6 원고지 쓰기

😊 괄호 안의 띄어쓰기 횟수를 참고하여 다음 문장을 옮겨 쓰세요.

(1) 웃음이나오는것을참을수없었다.(5)

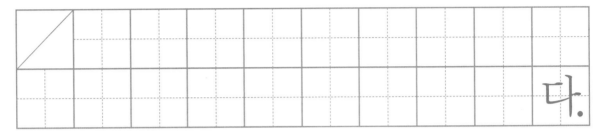

(2) 아침밥을먹는둥마는둥하고서둘러집을나섰다.(8)

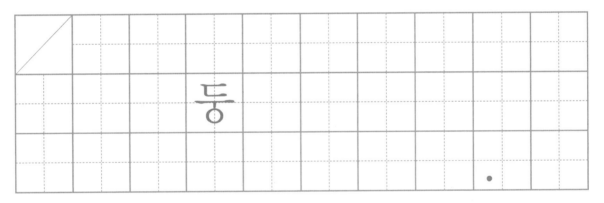

(3) 며칠전까지빈터였던곳에나무한그루가심어져있다.(8)

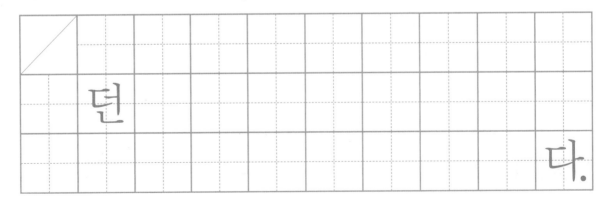

제13과 글을 읽고 소개해요(1)

1 악기

그림과 설명을 보고, 악기의 이름을 알맞게 찾아 쓰세요.

(1)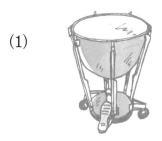

오목한 통에 가죽을 씌운 북. 두 개의 채로 쳐서 소리를 낸다.

[ ]

(2)

실로폰처럼 생긴 건반을 두 개의 채로 쳐서 소리 내는 악기.

[ ]

(3)

둥글넓적한 쇠붙이 두 개를 마주쳐서 소리 내는 악기.

[ ]

(4)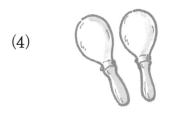

둥근 울림통에 작은 알갱이를 넣어 만든 악기. 손잡이를 쥐고 흔들어서 소리를 낸다.

[ ]

보기   심벌즈   비브라폰   마라카스   팀파니

2 무슨 낱말일까요?

설명을 읽고, 빈칸에 알맞은 낱말을 넣어 문장을 완성하세요.

(1) 우리 학교에서는 휴대 전화 사용을 | 그 | ㅈ | 하고 있다.

    * 어떤 일을 못하게 막는 것.

(2) 아이들은 | 고 | ㅌ | 에 모여 축구 시합을 했다.

    * 집이나 밭 따위가 없는 땅.

(3) 아저씨는 | ㅊ | 리 | 새 | 가 의사 같기도 하고, 과학자 같기도 했다.

    * 옷 따위를 입거나 꾸민 모양.

(4) 탬버린, 북, 심벌즈 등은 모두 | ㅌ | ㅇ | 기 | 다.

    * 두드려서 소리를 내는 악기.

(5) 공장 | 구 | 뚜 | 에서 시커먼 연기가 피어올랐다.

    * 불을 땔 때 연기가 밖으로 빠져나가도록 만든 장치.

(6) 할미꽃에는 슬픈  이 전해 내려온다.

　　＊ 옛날부터 사람들 사이에 전해 내려오는 신기한 이야기.

(7) 바닷가에  를 알 수 없는 생명체가 나타났다.

　　＊ 사물의 원래 모습.

(8) 골목에는 드문드문  이 켜져 있었다.

　　＊ 길가를 따라 세워 놓은 전등.

(9) 학교 앞에는 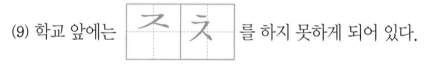 를 하지 못하게 되어 있다.

　　＊ 차를 일정한 곳에 세워 두는 것.

(10) 상현이는 영화를 보고 나서  을 썼다.

　　＊ 어떤 것을 보거나 겪고서 느낀 점이나 생각을 쓴 글.

(11) 한라산  에는 이름 모를 꽃들이 피어 있었다.

　　＊ 산 따위의 맨 꼭대기.

3 길

(1) 큰길에서 갈라져 집들 사이로 난 좁은 길.

(2) 멀리 돌지 않고 가깝게 질러서 가는 길.

(3) 낮은 곳에서 높은 곳으로 이어지는 비탈길.

(4) 숲에 난 좁고 조용한 길.

(5) 여러 갈래로 갈린 길.

(6) 큰길 사이에 난 작은 길.

보기	오솔길	오르막길	샛길
	골목길	지름길	갈림길

4 축구 대회

축구 대회와 관련된 낱말입니다. 빈칸에 알맞은 낱말을 쓰세요.

(1) 4년에 한 번 │ 월 │ 드 │ 컵 │ 축구 대회가 열린다.

* 여러 나라 선수들이 모여서 벌이는 운동 경기 대회. 축구, 배구, 스키 등이 있다.

(2) │ 개 │ 막 │ 식 │ 을 관람하러 사람들이 경기장에 모여들었다.

* 큰 행사나 대회를 시작할 때 치르는 의식.

(3) 선수들은 자기 나라의 │ 국 │ 기 │ 를 들고 입장했다.

* 한 나라를 나타내는 깃발.

(4) 관중들은 이 날을 │ 기 │ 념 │ 하기 위해 사진을 찍었다.

* 뜻깊은 일이나 사건을 잊지 않고 마음에 새김.

(5) 나는 │ 메 │ 달 │ 에 관계없이 선수들이 좋은 경기를 펼치기 바랐다.

* 글이나 그림을 새겨서 상이나 기념품으로 주는 동그랗고 납작한 쇠붙이.

5 비슷한말

밑줄 친 낱말의 비슷한말을 빈칸에 쓰세요.

(1)
내 <u>짐작</u>으로는 여우가 닭을 물어간 것 같다.

준원이는 온갖 상상력을 동원해 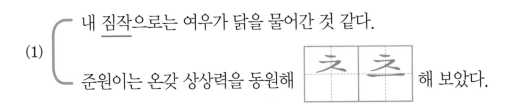 해 보았다.

(2)
지하철에서 <u>시끄럽게</u> 떠들면 다른 사람에게 방해가 될 수 있다.

'콰르르 쾅' 하고 천둥이 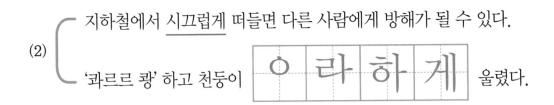 울렸다.

(3)
오늘은 날씨가 <u>꽤</u> 춥다.

형은 중학생이 되더니 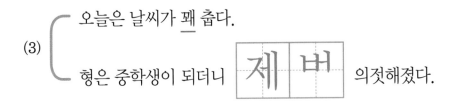 의젓해졌다.

(4)
아버지는 할아버지께 바둑을 <u>일부러</u> 져 드렸다.

하영이는 다 알면서도 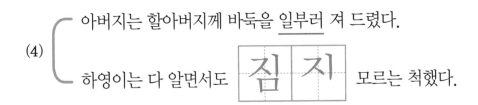 모르는 척했다.

(5)
원희는 도자기에 여러 가지 <u>무늬</u>를 그려 넣었다.

태극 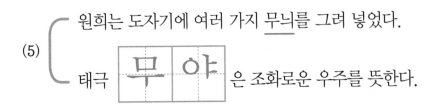 은 조화로운 우주를 뜻한다.

6 바르게 쓰기

 밑줄 친 낱말을 바르게 고쳐 쓰세요.

(1) 호기심을 가지고 <u>끈임없이</u> 상상하면 세상을 바꿀 수도 있다.

_____

(2) 다영이는 정신을 가다듬은 후 우산을 꼭 쥐고 발걸음을 <u>옴겼다</u>.

_____

(3) 희수는 바람에 <u>헝크러진</u> 머리를 단정하게 빗었다.

_____

(4) 현민이는 집에 오자마자 가방을 <u>내팽게치고</u> 밖으로 나갔다.

_____

(5) 아기별은 밤마다 울다가 빛을 <u>일어</u> 바다로 떨어졌다.

_____

(6) 너 왜 그래? 옷이 다 <u>젓었잖아</u>.

_____

(7) 어머니, 다음부터는 숙제 먼저 하고 <u>놀깨요</u>.

_____

제 14 과 글을 읽고 소개해요(2)

1 헛-

| 헛- | '이유 없는', '보람 없는'의 뜻. |

예) 용이 얼음을 먹고는 불길 대신 <u>헛바람</u>을 뿜었다.

* 헛바람 : 쓸데없이 부는 바람.

'헛-'이 들어간 낱말을 넣어 문장을 완성하세요.

(1) 아버지는 [　　　] 을 하시고 할아버지의 방문을 두드리셨다.

　　* 사람이 온 걸 알리거나, 목청을 가다듬으려고 일부러 크게 소리 내는 기침.

(2) 놀러 갔는데 영주가 집에 없어서 [　　　] 을 쳤다.

　　* 아무 보람 없이 가거나 오는 걸음.

(3) 밤마다 학교에 도깨비가 나타난다는 [　　　] 이 떠돌았다.

　　* 근거 없이 떠도는 소문.

(4) 내가 [　　　] 을 하는 바람에 우리 반이 축구 시합에서 졌다.

　　* 겨냥한 것을 빗나간 발길질.

2 탈것

설명을 읽고, 빈칸에 알맞은 이름을 찾아 쓰세요.

(1) 사람이나 짐을 실은 찻간을 길게 연결하여 놓은 것.

　*찻간: 기차나 버스 등에서 사람이 타는 칸.

(2) (1)을 끌고 다니는 차.

(3) 우주를 날아다닐 수 있게 만든 기계.

(4) 물속을 다닐 수 있게 만든 군사용 배.

　*군사용: 군대나 전쟁에 쓰이는 것.

(5) 공중에 설치한 전선에서 전기를 받아 철길 위를 다니는 차.

| 보기 | 잠수함　　　전차　　　열차　　　기관차　　　우주선 |

3 낱말 뜻풀이

🐱 빈칸에 알맞은 말을 넣어서 밑줄 친 말의 뜻을 풀이하세요.

(1) 제주도는 해저 화산이 폭발하여 만들어진 섬이다.

* 해저: [ㅂ][ㄷ] 의 밑바닥.

(2) 그는 하나님의 계시를 받고 목사가 되었다.

* 계시: 신이 사람한테 [가][ㄹ][치] 을 내리는 것.

(3) 여기가 바로 남극 세종 기지다.

* 기지: 어떤 특별한 활동을 벌이기 위해 터전으로 삼은 [자][소].

(4) 증기 기관차는 증기 에너지를 이용하여 움직인다.

* 증기: 물이 열을 받아 [기][ㅊ] 상태가 된 것.

(5) 아이들은 경사진 언덕에서 눈썰매를 탔다.

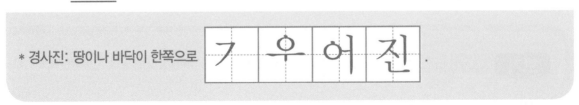

* 경사진: 땅이나 바닥이 한쪽으로 [ㄱ][우][어][진].

4 무슨 뜻일까요?

밑줄 친 말의 알맞은 뜻을 찾아 번호를 쓰세요.

(1) 하늘이 캄캄해지더니 <u>우렛소리</u>와 함께 비가 쏟아졌다.　　　(　　)

　　① 천둥이 치는 소리.

　　② 몹시 요란하게 울리는 소리.

(2) 견우를 만날 수 없다는 생각에 직녀는 가슴이 <u>미어졌다.</u>　　　(　　)

　　① 찢어질 듯한 아픔이나 슬픔을 느꼈다.

　　② 체한 것같이 답답했다.

(3) 씨앗은 <u>모진</u> 추위를 이겨 내고 싹을 틔웠다.　　　(　　)

　　① 겨울철의 석 달.

　　② 몹시 매섭고 사나운.

(4) 희석이는 웃는 얼굴이 <u>영락없는</u> 하회탈이다.　　　(　　)

　　① 너무 뜻밖이어서 기가 막히는.

　　② 조금도 틀리지 않고 꼭 들어맞는.

(5) 박에서 나온 도깨비들은 <u>괴상망측한</u> 춤을 추었다.　　　(　　)

　　① 기분 나쁠 만큼 아주 엉뚱하고 이상한.

　　② 흥이 나서 기분이 몹시 좋은.

5 탐정

삼촌께서 탐정 사무소를 (1) _____ 하셨다. 삼촌은 귀신이 나올 듯한 낡은 건물 2층에 (2) _____ 도 달지 않은 채 사무실을 차리셨다. (3) _____ 도 하지 않았는데 사무실 안은 사람들로 북적였다. 삼촌은 (4) _____ 가 넘쳐 혼자서 일하기 힘들다고 하셨다.

나는 삼촌께 (5) _____ 를 두면 어떠냐고 여쭸다. 그리고 내일부터 수업이 끝나면 부리나케 삼촌께 달려오겠다고 말씀드렸다.

* 탐정: 숨겨진 일이나 사건 따위를 알아내는 일. 또는 그런 사람.

(1) 가게를 새로 열어 장사를 시작하는 것.

ㄱ	ㅇ

(2) 가게나 회사 이름을 눈에 잘 띄게 적어 붙이는 판.

가	ㅍ

(3) 사업이나 상품 등을 널리 알리는 것.

ㅎ	ㅂ

(4) 일할 거리.

이	ㄱ	ㄹ

(5) 어떤 사람 밑에서 일을 도와주는 사람.

ㅈ	ㅅ

6 반대말

빈칸에 알맞은 말을 넣은 후, 반대말을 찾아 줄로 연결하세요.

(1) 퇴장 •

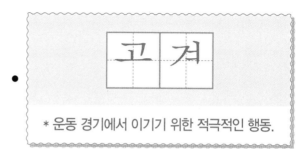

* 운동 경기에서 이기기 위한 적극적인 행동.

(2) 개막식 •

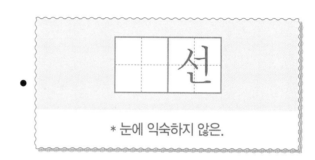

* 눈에 익숙하지 않은.

(3) 낯익은 •

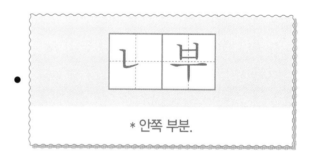

* 안쪽 부분.

(4) 수비 •

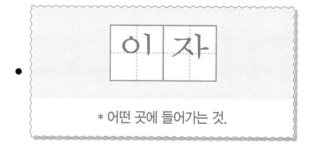

* 어떤 곳에 들어가는 것.

(5) 외부 •

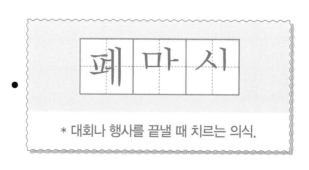

* 대회나 행사를 끝낼 때 치르는 의식.

7 원고지 쓰기

괄호 안의 띄어쓰기 횟수를 참고하여 다음 문장을 옮겨 쓰세요.

(1) 몇개인지한번세어볼까?(4)

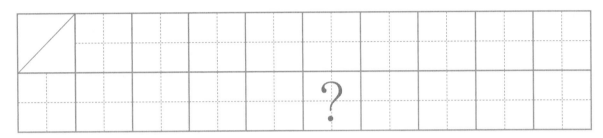

(2) 눈깜짝할사이에하늘이밝아졌다가어두워졌다.(5)

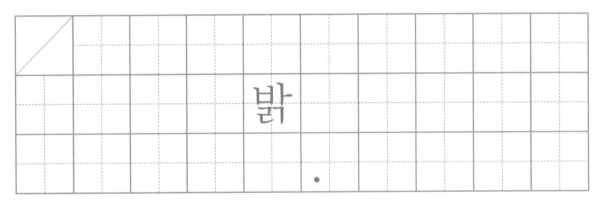

(3) 화가난동원이는규리의말을들은체만체했다.(8)

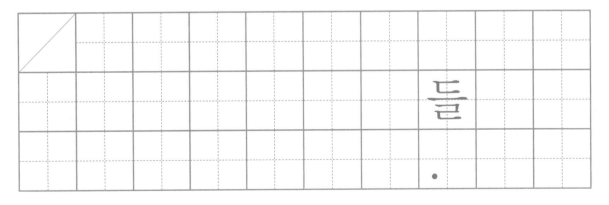

제15과 글의 흐름을 생각해요(1)

1 폐자전거

> 폐자전거 : 너무 낡거나 부서져서 더 이상 탈 수 없는 자전거.
>
> → '못쓰게 된', '이미 써 버린'의 뜻.

아래 설명을 읽고 '폐'자가 들어가는 낱말을 만들어 보세요.

(1) 다 써서 버리게 된 종이.

(2) 오래 사용해서 못 쓰게 된 전차.

(3) 못 쓰게 된 자동차를 없애는 곳.

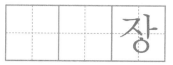

(4) 더 이상 사용할 수 없는 건전지.

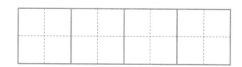

(5) 못 쓰게 되어 버린 물건.

2 반대말

밑줄 친 낱말의 반대말을 빈칸에 쓰세요.

(1)
- 올해는 비가 안 와서 <u>흉년</u>이 들었다.
- 작년에는 비가 적당히 와서 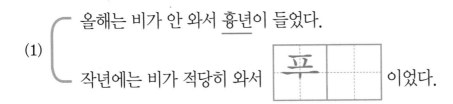 이었다.

(2)
- <u>실외</u> 수영장에서 짝꿍 민희를 만났다.
- 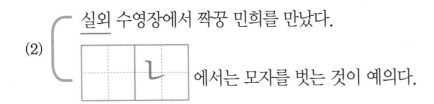 에서는 모자를 벗는 것이 예의다.

(3)
- 우리나라는 석유를 <u>수입</u>한다.
- 우리나라는 자동차, 휴대 전화, 컴퓨터 등을 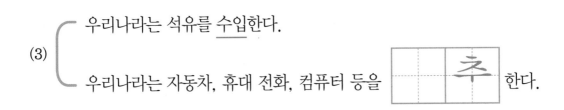 한다.

(4)
- 베나 비단 등의 천을 짤 때, 세로로 놓는 실을 <u>날</u>이라 한다.
- 베나 비단 등의 천을 짤 때, 가로로 놓는 실을 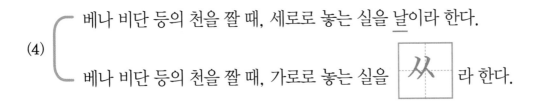 라 한다.

(5)
- 전에 없던 것을 처음 만들면 그것은 <u>창조</u>다.
- 남의 것을 흉내 내어 만드는 것을 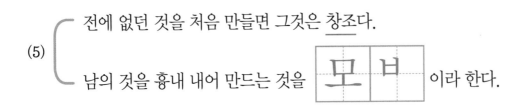 이라 한다.

3 낱말 뜻풀이

 빈칸에 알맞은 낱말을 넣어서 밑줄 친 낱말의 뜻을 풀이하세요.

(1) 소민이는 부끄러운 듯 친구들 앞에서 <u>말꼬리</u>를 흐렸다.

* 말꼬리: 말의 | 끝 | 부 | 분 |.

(2) 언니가 예쁜 <u>팔찌</u>를 끼고 나에게 자랑했다.

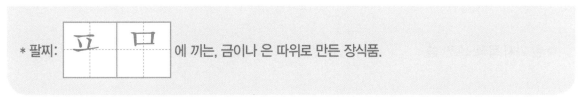

* 팔찌: | 팔 | 목 | 에 끼는, 금이나 은 따위로 만든 장식품.

(3) <u>전망대</u>에 오르니 넓은 바다가 보인다.

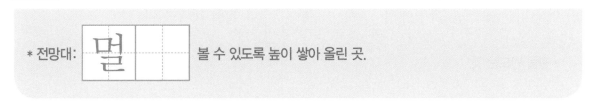

* 전망대: | 멀 | | 볼 수 있도록 높이 쌓아 올린 곳.

(4) 직업을 선택할 때에는 <u>적성</u>을 잘 살펴야 한다.

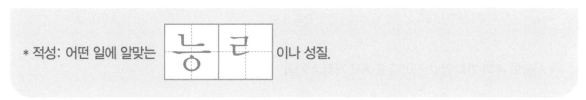

* 적성: 어떤 일에 알맞는 | 능 | 력 | 이나 성질.

(5) 아버지께서는 아침마다 <u>산책</u>을 하신다.

* 산책: 휴식을 취하거나 건강을 위해서 천천히 | 걷 | 는 | 일.

4 무슨 낱말일까요?

설명을 읽고, 빈칸에 알맞은 낱말을 넣어 문장을 완성하세요.

(1) '정직'이 나의 [좌][ㅇ][명] 이다.

　　* 가르침으로 삼아서 가슴에 새겨 둔 좋은 말.

(2) 이 길은 자전거 [저][요] 도로다.

　　* 한 가지 목적으로만 씀.

(3) 어머니는 요즈음 학원에서 [ㅈ][빵] 기술을 배우신다.

　　* 빵을 만드는 것.

(4) 그 꽃은 [야][ㅅ] 으로 자란 꽃이야.

　　* 사람의 손이 가지 않고 산이나 들에서 저절로 자람.

(5) 의사 선생님의 [처][바] 을 잘 따랐더니 감기가 금세 나았다.

　　* 아픈 사람에게 어떤 약을 먹으라고 일러 주는 것.

(6) 누나는 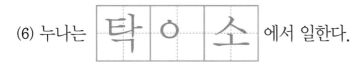 탁ㅇ소 에서 일한다.

     * 부모가 나가서 일을 하는 동안 그 어린아이를 맡아서 보살피고 가르치는 곳.

(7) 왕은 전쟁터에서 돌아온 병사들을 위하여 향여 을 베풀었다.

     * 매우 크게 벌어지는 잔치.

(8) 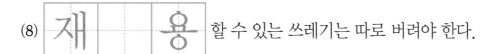 재용 할 수 있는 쓰레기는 따로 버려야 한다.

     * 낡거나 못 쓰게 된 것을 손질하여 다시 이용함.

(9) 부엉이는 야ㅎ성 동물이다.

     * 밤에 주로 활동하는 습성.

(10) 아버지께서 흔들리는 책상 다리를 못으로 고저 하셨다.

     * 움직이지 못하게 하는 것.

(11) 평소에 손을 깨끗이 씻어서 감기를 예바 하자.

     * 병에 걸리기 전에 미리 대처하여 막는 일.

5 원고지 쓰기

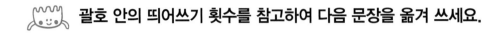 괄호 안의 띄어쓰기 횟수를 참고하여 다음 문장을 옮겨 쓰세요.

(1) 감기약은끝까지먹는게좋다.(4)

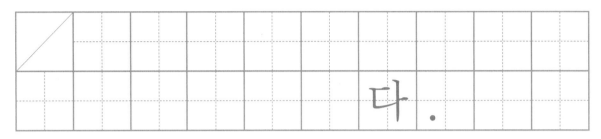

(2) 간곳은동림저수지야생동식물보호구역이었다.(7)

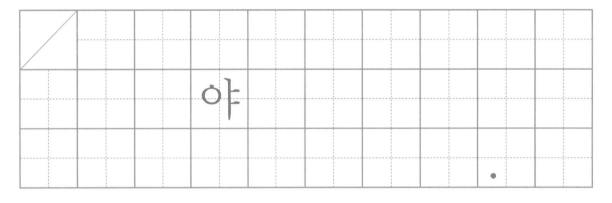

(3) 디자이너체험을끝내자거의열한시가되었다.(6)

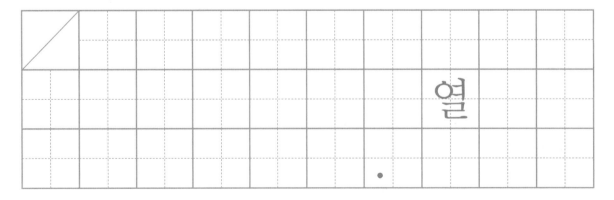

제16과 글의 흐름을 생각해요(2)

1 여행지에서

여행지에서 배운 낱말입니다. 풀이를 읽고, 그 낱말이 무엇인지 쓰세요.

(1) 인류 사회가 변화해 온 과정 또는 그것을 기록한 것.

(2) 문자가 없어서 인류에게 있었던 일을 기록하지 못한 시대.

(3) 선대의 인류가 후대에 남긴 물건.

  * 선대: 조상 세대.　　 * 후대: 뒤에 오는 세대.

(4) 큰 돌을 몇 개 둘러 세우고, 그 위에 넓적한 돌을 덮은 아주 오래 전의 무덤.

(5) 어떤 지역에서 특별히 나는 물건.

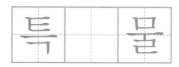

2 무슨 낱말일까요?

설명을 읽고, 빈칸에 알맞은 낱말을 넣어 문장을 완성하세요.

(1) 영호는 자전거를 타다가 화단 ┌─┐ 에 걸려 넘어졌다.
│ 턱 │
└─┘

　　* 평평한 곳의 어느 한 부분이 조금 높은 자리.

(2) 봄이 되면 아름다운 ┌──┬──┬──┐ 가 여기저기 핀다.
│ 야 │ │ 화 │
└──┴──┴──┘

　　* 산이나 들에 저절로 피는 꽃.

(3) 사슴벌레는 나무의 ┌──┬──┐ 을 빨아 먹고 산다.
│ 수 │ 액 │
└──┴──┘

　　* 땅속에서 식물의 줄기를 지나 잎으로 올라가는 액체.

(4) 아저씨는 화재로 ┌──┬──┐ 에 화상을 입으셨다.
│ 전 │ 신 │
└──┴──┘

　　* 몸 전체.　　* 화재 : 불이 나서 집이나 물건을 태우는 것.

(5) 경주에서 신라 시대의 유물이 ┌──┬──┐ 되었다.
│ 발 │ 굴 │
└──┴──┘

　　* 땅속에 묻힌 것을 파내는 것.

(6) 나의 자유를 누리려고 남의 자유를 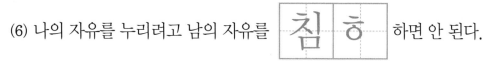 하면 안 된다.

　　* 침범하여 손해를 끼치는 것.

(7) 알고 보니 그는 유명한  였다.

　　* 사람의 능력을 뛰어넘는 신기한 일을 행하는 사람.

(8) 이웃들은 그가 그토록 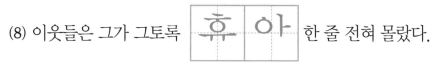 한 줄 전혀 몰랐다.

　　* 성질이 더럽고 아주 못됨.

(9) 시집가는 사촌 누나가 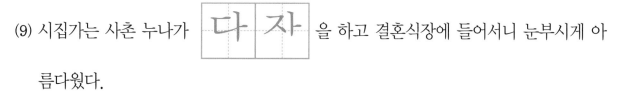 을 하고 결혼식장에 들어서니 눈부시게 아

름다웠다.

　　* 예쁘게 꾸밈.

(10) 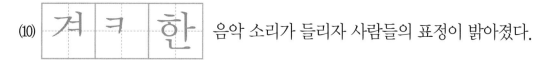 음악 소리가 들리자 사람들의 표정이 밝아졌다.

　　* 기분이 좋을 정도로 시원하고 멋들어진.

(11) 할아버지께서  에 붓글씨를 쓰셨다.

　　* 닥나무 껍질로 만든 우리나라 전통 종이.

3 바르게 쓰기

맞춤법에 맞게 쓴 낱말에 동그라미 하세요.

(1) ⌈ 텔레비젼 ⌉ 을 너무 가까이서 보면 안 된다.
    ⌊ 텔레비전 ⌋

(2) 저 산 ⌈ 둘레 ⌉ 를 따라 산책로가 나 있다.
       ⌊ 둘래 ⌋

(3) 눈 내리는 겨울 날, ⌈ 배짱이 ⌉ 가 개미를 찾아갔다.
                  ⌊ 베짱이 ⌋

(4) 내 동생은 ⌈ 바이올린 ⌉ 을 잘 켠다.
          ⌊ 바이얼린 ⌋

(5) 할머니께서 머리를 ⌈ 따아 ⌉ 주셨다.
               ⌊ 땋아 ⌋

(6) 나그네는 너무 많이 걸어서 신발이 ⌈ 달았다 ⌉ .
                            ⌊ 닳았다 ⌋

4 같은 모양, 다른 뜻

🐱 다음 문장을 보고, 괄호 안에 공통으로 들어갈 낱말을 빈칸에 쓰세요.

(1)

ㅈ	명

① 선생님께서 발표자로 나를 (　　　)하셨다.

* 여럿 가운데서 누구의 이름을 꼭 집어 가리킴.

② 한양은 서울의 옛 (　　　)이다.

* 마을이나 지역의 이름.

(2)

ㄱ	원

① 할아버지는 남과 북이 통일되기를 (　　　)하셨다.

* 원하는 일이 이루어지길 빎.

② 미소는 수업이 끝나면 (　　　)에 가서 바둑을 배운다.

* 바둑을 두는 곳.

(3)

ㄱ	우

① 이 반지는 나쁜 (　　　)을 막아 준대.

* 어떤 일이 벌어지려고 하는 분위기.

② 동수는 덩치가 커서 (　　　)이 세다.

* 힘.

(4)

저	마

① 산꼭대기에서 내려다보니 (　　　)이 무척 아름답다.

* 멀리 내다보이는 경치.

② 우리나라와 일본의 야구 경기를 (　　　)해 보았다.

* 다가올 앞날을 미리 내다봄.

5 '껍질'과 '껍데기'

다음 낱말 뜻을 읽고, 알맞은 낱말에 동그라미 하세요.

껍질	: 어떤 것의 겉을 싸고 있는 물렁물렁한 물질.
껍데기	: 어떤 것의 겉을 싸고 있는 단단한 물질.

(1) 사과 (껍질, 껍데기)을/를 칼로 깎았다.

(2) 조개 (껍질, 껍데기)로 목걸이를 만들었다.

유명	: 이름이 널리 알려짐.
무명	: 이름이 널리 알려지지 않음.

(3) 그 가수는 10년 전만 해도 (유명, 무명) 가수였다. 그러나 요즈음은 누구나 아
는 (유명, 무명) 가수가 되었다.

낳다	: 새끼를 낳다. (낳았다)
낫다	: 병이나 상처 따위에서 낫다. (나았다)

(4) 약을 먹고 감기가 (낳았다, 나았다).

(5) 우리 집 강아지가 새끼를 (낳았다, 나았다).

제17과 작품 속 인물이 되어(1)

1 관광

> 관광(觀光) : 다른 지역이나 다른 나라를 찾아 경치 등을 구경하는 것.
>
> → '구경하다', '보다'의 뜻.

아래 설명을 읽고 '관'자가 들어가는 낱말을 만들어 보세요.

(1) 공연, 그림, 경기 들을 구경하는 것.

	람

(2) 공연, 영화, 그림 같은 것을 구경하는 사람.

	개

(3) 어떤 것을 마음에 두고 자세히 살펴보는 것.

	ㅊ

(4) 어떤 것을 보는 태도나 방법.
   예 사람마다 보는 ○○이 다르다.

(5) 자연 현상을 살펴서 어떤 사실을 조사하거나 알아내는 것.
   예 달을 ○○하다.

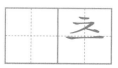

2 같은 모양, 다른 뜻

다음 문장을 보고, 괄호 안에 공통으로 들어갈 낱말을 빈칸에 쓰세요.

(1)

여	ㅇ

① 김치에는 (　　　)이 풍부하게 들어 있다.
　　* 생물이 살아가는 데 필요한 성분.

② 들에서 (　　　)이 풀을 뜯고 있다.
　　* 염소와 산양을 통틀어 이르는 말.

(2)

ㅇ	ㄱ

① 어머니와 함께 (　　　)을 보았다.
　　* 배우의 말과 몸짓으로 대본의 이야기를 관객에게 전하는 예술.

② 우리는 명수의 (　　　)에 깜빡 속았다.
　　* 거짓을 사실처럼 그럴싸하게 꾸며 행동하는 것.

(3)

ㅅ

① 이른 아침, 토끼가 (　　　)에 와서 물을 먹었다.
　　* 물이 저절로 땅속에서 솟아 나오는 곳.

② 민희가 상을 받으니까 예슬이는 (　　　)이 났다.
　　* 자기보다 잘되거나 나은 사람을 괜히 미워하고 싫어함.

(4)

ㅂ	ㄹ

① 어머니의 (　　　)은 내가 말썽을 피우지 않는 것이다.
　　* 어떤 일이 이루어지기를 바라는 마음.

② (　　　)이 불어서 창문이 덜컹거렸다.
　　* 공기의 움직임.

3 흉내 내는 말

빈칸에 흉내 내는 말을 알맞게 찾아 쓰세요.

(1) 승하는 만화책을 보며 오징어 다리를 [   ] 씹었다.

    * 질긴 것을 계속해서 마구 씹는 모양.

(2) 이 문제의 답이 무엇인지 [   ] 헷갈린다.

    * 생각이 뒤섞여 알 듯 모를 듯한 상태.

(3) 수업 종이 울리자 소민이가 [   ] 들어왔다.

    * 숨을 몹시 가쁘고 거칠게 몰아쉬는 모양.

(4) 종호는 무엇이 못마땅한지 입을 [   ] 움직였다.

    * 얼굴이나 근육의 한 부분을 비뚤어지거나 기울어지게 움직이는 모양.

(5) 음악이 나오자 할머니께서 [   ] 춤을 추셨다.

    * 신이 나서 팔다리를 흥겹게 자꾸 움직이며 춤을 추는 모양.

보기	실룩실룩	질겅질겅	덩실덩실
	헐레벌떡	알쏭달쏭	

4 무슨 낱말일까요?

 설명을 읽고, 빈칸에 알맞은 낱말을 넣어 문장을 완성하세요.

(1) | 궤 | 짝 | 에는 할머니께서 사용하시던 물건이 들어 있었다.

  * 물건을 넣도록 나무로 만든 네모난 상자.

(2) 깊이 들어가지 말라는 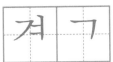 | 겨 | ㄱ | 를 무시했다가 물에 빠지고 말았다.

  * 조심하라고 미리 알려 주는 것.

(3) 아무리 친하더라도 심한  | 노 | 다 | 을 하면 기분이 나빠질 수 있다.

  * 실없이 놀리거나 장난으로 하는 말. 🔁 진담

(4) 한결이가 | 휘 | 프 | ㄹ | 을 불며 교실로 들어왔다.

  * 입술을 동그랗게 하고 혀끝으로 입김을 불어 소리를 내는 것.

(5) 재석이는  | 하 | 지 | 바 | 에 담긴 사과를 집어 먹었다.

  * 통나무의 속을 파서 큰 바가지처럼 만든 그릇.

(6) 규태는 회장이 되더니  태도로 친구들에게 지시했다.

　＊ 잘난 체하며 남을 업신여기는.

(7) 형은 하나 남은 과자를 먹고 싶었지만 동생에게 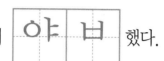 했다.

　＊ 남을 위하여 자신의 이익을 희생하는 것.

(8) 재희는 고양이 우는 소리가 어디서 나는지  을 둘러보았다.

　＊ 동서남북의 네 방향.

(9) 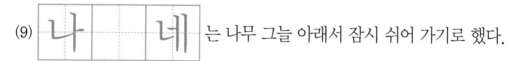 는 나무 그늘 아래서 잠시 쉬어 가기로 했다.

　＊ 자기 고장을 떠나 다른 곳에 잠시 머물거나 떠도는 사람.

(10) 동생은 장난감을 사 달라고 어머니께  하였다.

　＊ 소원 따위를 들어 달라고 간절히 비는 것.

(11) 동민이는 도깨비 역할을 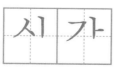 나게 연기했다.

　＊ 실제로 겪는 것과 같은 느낌.

5 바르게 쓰기

😊 **맞춤법에 맞게 쓴 낱말에 동그라미 하세요.**

(1) 세광이는 뛰어가다 넘어져서 〔 무릎 / 무릅 〕을 다쳤다.

(2) 한나는 〔 궁굼한 / 궁금한 〕 내용을 선생님께 여쭤 보았다.

(3) 영훈이는 밥을 〔 천천히 / 천천이 〕 먹는다.

(4) 윤정이는 〔 혼잣말 / 혼자말 〕을 중얼거리더니 의자에 앉았다.

(5) 소영이는 동생에게 〔 햇님 / 해님 〕과 달님을 이야기를 들려주었다.

(6) 날이 밝았는데도 창밖에는 〔 여전히 / 여전이 〕 눈이 내리고 있었다.

6 원고지 쓰기

 괄호 안의 띄어쓰기 횟수를 참고하여 다음 문장을 옮겨 쓰세요.

(1) 동민이가거짓말을했을리가없다.(4)

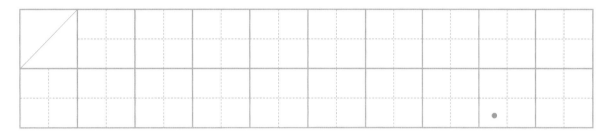

(2) 경기는해가뜰때시작되어해가질때까지계속됐다.(8)

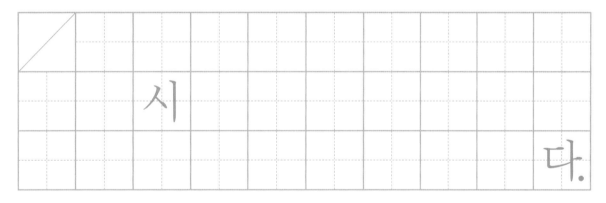

(3) 여우는뒤를돌아보더니꼬리를한번씰룩움직였다.(7)

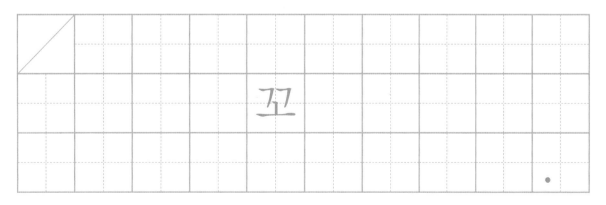

제 18 과 작품 속 인물이 되어(2)

1 -느라

> **-느라** : 앞의 것이 원인이 되어 뒤의 일이 일어났음을 나타내는 말.
>
> 예) 개구리는 겨울잠을 자<u>느라</u> 땅 위로 올라오지 않았다.

🐱 **빈칸에 '-느라'가 포함된 말을 넣어 문장을 완성하세요.**

(1) 제용이는 텔레비전을 | 보 | 느 | 라 | 숙제를 못 했다.

(2) 형은 공부를 [　　　][　　　][　　　] 밤을 꼬박 새웠다.

(3) 유리는 수다를 [　　　][　　　][　　　] 시간 가는 줄 몰랐다.

(4) 현수는 책을 [　　　][　　　][　　　] 밥 먹는 것도 잊었다.

(5) 재희는 음악을 [　　　][　　　][　　　] 잠을 못 잤다.

2 비슷한말, 반대말

밑줄 친 낱말의 비슷한말이나 반대말을 빈칸에 쓰세요.

(1)
이번 대회에서 우리의 <u>최종</u> 목표는 금메달이다.

이 벽에 **반** 최 □ 로 낙서를 한 사람은 누구니?

(2)
우리는 수업이 끝난 후에 <u>합창</u> 연습을 했다.

선희는 학예회에서 **반** ㄷ 창 을 하기로 했다.

(3)
아버지께서는 해가 <u>뜰</u> 때쯤 일을 나가신다.

어머니께서는 해가 **반** ㅈ 때쯤 돌아오신다.

(4)
그만 좀 해! 너무 웃어서 배가 아플 <u>정도</u>야!

먹을 것 좀 있니? 배가 고파서 눈이 빠질 **비** ㅈ 겨 이야.

(5)
지은아, <u>얼른</u> 와서 밥 먹어라.

수민아, **비** 냉 □ 가서 두부 좀 사 오너라.

3 무슨 뜻일까요?

😺 **밑줄 친 낱말이 문장에서 쓰인 뜻을 찾아 번호를 쓰세요.**

(1) 사냥꾼이 <u>덤불숲</u>으로 들어갔다.　　　　　　　　(　)

　　① 풀이나 작은 나무 등이 잔뜩 뒤얽힌 숲.

　　② 풀이나 작은 나무 등이 별로 없는 숲.

(2) 희영이는 언니의 전화 통화 내용을 <u>엿들었다</u>.　　(　)

　　① 바로 옆에서 들었다.

　　② 몰래 들었다.

(3) 진실이가 그런 말을 했을 <u>리</u> 없어.　　　　　　(　)

　　① 까닭, 이유.

　　② 기회.

(4) 정수는 성적표를 보더니 크게 <u>한숨</u>을 쉬었다.　　(　)

　　① 걱정이 있을 때 길게 몰아서 내쉬는 숨.

　　② 기쁠 때 크게 내쉬는 숨.

(5) 채연이는 <u>실망한</u> 표정으로 건우를 바라보았다.　(　)

　　① 앞으로 어떤 일이 일어날 것인지 궁금한.

　　② 일이 바라는 대로 되지 않아 마음이 상한.

4 바르게 쓰기

📋 밑줄 친 낱말을 바르게 고쳐 쓰세요.

(1) 이튿날 아침 나그네는 길을 떠났다.

_____

(2) 내일 소풍을 갈려고 김밥을 준비했다.

_____

(3) 성균이가 맡은 역활은 산신령이다.

_____

(4) 온 세상이 눈으로 하야케 뒤덮였다.

_____

(5) 아이는 엄마를 찾아 헤매며 울부짓었다.

_____

(6) 나무를 함부로 꺾거나 배면 안 돼.

_____

(7) 동규는 선생님의 은해에 보답하겠다고 결심했다.

_____

5 연극

다음은 연극과 관련된 낱말입니다. 빈칸에 알맞은 낱말을 쓰세요.

(1) 연극을 하려고, 등장인물의 말이나 움직임 따위를 적어 놓은 글.

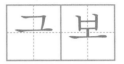

(2) 연극 무대를 꾸미는 데 사용하는 작은 물품.

(3) 연극에서 등장인물이 하는 말.

(4) 연극에 출연하여 연기하는 사람.

(5) 여러 사람 앞에서 연극을 보여주는 것.

(6) 연극을 하려고 관객 앞에 조금 높게 마련한 넓은 자리.

(7) 등장인물의 움직임, 표정 등을 지시한 글.

6 '말귀'와 '말투'

🐹 **다음 낱말 뜻을 읽고 빈칸에 알맞은 말을 넣어 문장을 완성하세요.**

말귀	: 말의 내용.
말투	: 말하는 버릇.

(1) 승용이는 (　　　　　　)가 거만해서 친구들이 싫어한다.

(2) 동수는 선생님의 (　　　　　　)를 알아듣지 못해 당황했다.

여전히	: 전과 같이.
여태껏	: 지금까지.

(3) 미영이는 유치원 때랑 비교해도 (　　　　　) 예쁘다.

(4) 승희와 나는 친구가 되고 나서 (　　　　　) 다툰 적이 없다.

매고	: 줄이나 끈이 풀리지 않게 하고.
메고	: 물건을 어깨에 걸치고.

(5) 창수는 가방을 (　　　　　) 학교에 갔다.

(6) 수근이는 운동화 끈을 단단히 (　　　　　) 산을 올랐다.

7 십자말풀이

낱말 뜻풀이를 읽고, 괄호 안에 들어갈 낱말을 빈칸에 넣어 십자말풀이를 완성하세요.

(1)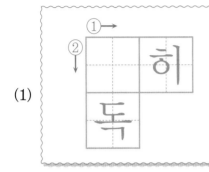

① 자기 처지도 모르고 함부로.

② 연극, 영화, 운동 등에서 배우나 선수를 이끌고 지휘하는 사람.

① 팔씨름에서 내가 형을 이긴다는 것은 (   ) 상상도 못할 일이다.

② 준호의 꿈은 영화(   )이다.

(2)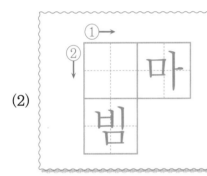

① 아무리 그러하다 하더라도.

② 설날에 입는 새 옷이나 신발.

① (   ) 이번에도 받아쓰기에서 30점을 받지는 않았겠지?

② 설날을 맞아 어머니께서 (   )을 사 주셨다.

(3)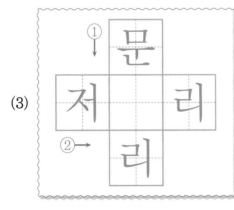

① 문을 열고 닫을 때 쓰는 쇠로 만든 고리.

② 한복 윗옷의 하나.

① 아무리 (   )를 당겨도 문이 열리지 않았다.

② 진주는 분홍 치마에 노랑 (   )를 입었다.

3차 개정판

어린이

훈민 정음

정답과 해설

띄어쓰기

원고지 사용법

맞춤법   발음

어휘력은 모든 학습의 뿌리

기초 문법

3-2

정답과 해설

본 교재는 어휘력 향상을 위해 만들었지만, 문장 하나하나도 학습에 도움이 되도록 정성을 기울였습니다. 그러므로 교재에 나오는 예시 문장을 자세히 살펴 문장 학습을 하는 데에 이용하시기 바랍니다.

본 교재는 어휘력은 물론, 맞춤법과 발음, 띄어쓰기, 기초 문법, 원고지 사용법 등의 내용을 함께 다루고 있습니다.

1 작품을 보고 느낌을 나누어요(1) 7쪽

1. (1) 습지
   (2) 정글
   (3) 북극
   (4) 연안
   (5) 수도

2. (1) 정원사
   (2) 선원
   (3) 사서
   (4) 양부모
   (5) 생각시
   (6) 상궁

3. (1) 지폐
   (2) 누명
   (3) 옥살이

4. (1) 흥미
   (2) 예상
   (3) 주제
   (4) 소제목
   (5) 인상

5. (1) 주위
   (2) 주의
   (3) 헤치고
   (4) 해치고
   (5) 꼿꼿하게
   (6) 꼼꼼하게

6. (1) 빙하
   (2) 기숙
   (3) 당선
   (4) 또래
   (5) 소쿠리
   (6) 수라간
   (7) 뒷짐
   (8) 보답
   (9) 움큼
   (10) 군침
   (11) 볏단

2 작품을 보고 느낌을 나누어요(2) 14쪽

1. (1) 일주
   (2) 돌풍
   (3) 표류
   (4) 무인도
   (5) 극복

2. (1) 결정
   (2) 인상
   (3) 대접
   (4) 정상

3. (1) ①
   (2) ②
   (3) ②
   (4) ①
   (5) ②

4. (1) 뒤표지
   (2) 뒤덮인
   (3) 설레는
   (4) 편찮으신
   (5) 베풀어
   (6) 성냥갑

5. (1) [수페는]
   (2) [느피]
   (3) [비치]
   (4) [어퍼지는], [무르페서]
   (5) [동녀케서], [서녀크로]

6. (1) ① 친절
       ② 좌절
   (2) ① 미소
       ② 수소문
   (3) ① 이기적
       ② 호기심

7. (1)

/	나	는		아	낌	없	이	주
는		나	무	가		좋	았	어 .

(2)

/	재	우	는		책	을		고 르
는		데	에		적	극	적	으 로 V
참	여	했	다 .					

(3)

/	지	현	이	는		열	다	섯
명		안	에		들	지		못 해
서		섭	섭	해	했	다 .		

1. (1) 투호
   (2) 씨름
   (3) 줄넘기
   (4) 윷놀이
   (5) 닭싸움

2. (1) 실험
   (2) 화학
   (3) 알코올램프
   (4) 수칙
   (5) 안전사고

3. (1) ① 잼   ② 통조림
   (2) ① 즙   ② 젤리
   (3) ① 홍시   ② 곶감
   (4) 약밥

4. (1) 멸종
   (2) 번식
   (3) 갯벌
   (4) 제철
   (5) 외발, 깨금발
   (6) 풍습
   (7) 부럼
   (8) 골칫거리
   (9) 들녘
   ⑽ 수확
   ⑾ 암시

5. (1) 주변
   (2) 토박이말
   (3) 본디
   (4) ① 시샘   ② 시기   ③ 질투

6. (1) 철새
   (2) 흡수

(3) 분해
(4) 다르다
(5) 접고

1. (1) 선물
   (2) 수산물
   (3) 농작물
   (4) 천연기념물

2. (1) 봐라
   (2) 쳤대
   (3) 가뒀다
   (4) 나눠
   (5) 낮춰

3. (1) 비단
   (2) 삼베
   (3) 무명
   (4) 모시
   (5) 합성
   (6) 저고리
   (7) 마고자
   (8) 두루마기
   (9) 속바지
   ⑽ ① 폭   ② 소매

4. (1) 꽃샘추위
   (2) 소소리바람
   (3) 불볕더위
   (4) 무더위
   (5) 마른장마
   (6) 무서리
   (7) 된서리
   (8) 건들장마
   (9) 도둑눈

⑽ 가랑눈

⑾ 진눈깨비

5.(1) ②

(2) ①

(3) ②

(4) ①

(5) ①

 해 설

문제의 오답 풀이입니다.

(1) ① 선택해

(2) ② 상실해

(4) ② 시큼한 맛

(5) ② 고상함

5 자신의 경험을 글로 써요(1) 35쪽

1.(1) 개학식

(2) 전학

(3) 방학

(4) 발표

(5) 체험학습

(6) 개교기념일

2.(1) 장애물

(2) 소식지

(3) 한밤중

(4) 머리맡

(5) 과수원

(6) 장염

(7) 채비

(8) 점검

(9) 투표

⑽ 붙임쪽지

⑾ 신바람

3.(1) 겪었던

(2) 앓는

(3) 엎어

(4) 붉게

(5) 맑고

(6) 한없이

4.(1) 아기가∨오리를∨좋아한다.

(2) 용돈이∨만∨원∨남았다.

(3) 하얀∨손수건으로∨닦아.

(4) 나∨물∨먹고∨싶다.

(5) 내일∨밤나무∨앞에서∨만나자.

6 자신의 경험을 글로 써요(2) 40쪽

1.(1) 야구

(2) 농구

(3) 배구

(4) 탁구

2.(1) 감

(2) 영상

(3) 굽는다

(4) 맡았다

3.(1) 윤주는∨현규를∨좋아한다.

(2) 아버지의∨목소리가∨들렸다.

(3) 책을∨읽으면∨지식이∨많아진다.

(4) 민지가∨열이∨많이∨나는구나.

(5) 수현이는∨동생이∨아팠던∨일을∨골라서∨
글을∨썼다.

(6) ① 이렇게∨쥐∨부부는∨바람, ∨돌부처를∨
찾아갔다.

② 쥐∨부부는∨집으로∨돌아왔다.∨딸은∨
멋진∨쥐와∨결혼을∨했다.

(7)

/	어	머	니	께	서		신	발
한		켤	레	를		사	셨	다	.

(8)

/	참	새	가		1	백	여		마
리	나		앉	아		있	다	.	

(9)

/	그	림		한		폭	이		감
쪽	같	이		사	라	졌	다	.	

7 감동을 나타내요(1) 45쪽

1. (1) 시각
   (2) 청각
   (3) 후각
   (4) 미각
   (5) 촉각

2. (1) 건반
   (2) 연주
   (3) 플랫
   (4) 조율
   (5) 곡
   (6) 아코디언

3. (1) 글
   (2) 팔
   (3) 땅
   (4) 기운
   (5) 계속

4. (1) ②
   (2) ①
   (3) ①
   (4) ②
   (5) ②

5. (1) 굼질굼질
   (2) 탱글탱글
   (3) 오톨도톨
   (4) 오들오들
   (5) 남실남실

6. (1) 돛
   (2) 돛대
   (3) 키
   (4) 노
   (5) 뱃머리

7. (1) 낭떠러지
   (2) 덩치
   (3) 핑계
   (4) 뒤덮었다
   (5) 거꾸로
   (6) 뚫어지게
   (7) 맴돌았다

8 감동을 나타내요(2) 52쪽

1. (1) 예쁘다(○), 이쁘다(○)
   (2) 삐친다(○), 삐진다(○)
   (3) 만날(○), 맨날(○)
   (4) 차지다(○), 찰지다(○)

2. (1) 초승달
   (2) 반달
   (3) 보름달
   (4) 반달
   (5) 그믐달

3. (1) 불덩이

  (2) 등골

  (3) 코앞

  (4) 점자책

  (5) 강판

  (6) 동지섣달

  (7) 눈총

  (8) 풍랑

  (9) 저승

  (10) 침묵

  (11) 안구

4. (1) 장수

  (2) 조율사

  (3) 첨지

  (4) 용왕

  (5) 선달

  (6) 뱃사공

5. (1) 우중충

  (2) 잠잠

  (3) 신통방통

  (4) 오싹

  (5) 애매

6. (1)

/	집	이		바	로		코	앞	인
걸	요	.							

  (2)

/	손	을		눈	썹		위	에	
갖	다		댄		채		동	쪽	과
서	쪽	을		둘	러	보	았	다	.

(3)

/	가	는		곳		모	르	고	
배	가		떠	돈		지		아	흐
레	째		되	는		날	이	었	다.

해설

  (2) '채'는 '있는 상태 그대로'의 뜻을 지니며, 앞말과 띄어 씁니다.

  예) 불을 켜 놓은 채 잠이 들었다.

  (3) '지'는 앞말과 붙여 쓰는 경우와 띄어 쓰는 경우가 있습니다.

  ① 띄어 쓰는 경우: 어떤 때부터 지금까지의 동안을 나타내는 말.

  예) 집을 나간 지 사흘 만에 돌아왔다.

  ② 붙여 쓰는 경우: '않다, 못하다, 말다, 모르다'와 같은 말 앞에서 쓰이는 경우.

  예) 나는 배가 고프지 않다.

9 바르게 대화해요(1) 59쪽

1. (1) 고마워

  (2) 할머니께서

  (3) 연세

  (4) 있다

  (5) 진지

  (6) 주무시고

  (7) 모시고

  (8) 생신, 드렸습니다

  (9) 아저씨께서, 오셨습니다

  (10) 성함, 여쭈어(여쭤, 여쭈워)

  (11) 할아버지, 어디 가세요?

  (12) 나는 동생에게 생일 선물로 필통을 주었다.

  (13) 선생님께서 딸기를 드시고(잡수시고) 계십니다.

  (14) 손님, 주문하신 자장면 나왔습니다.

  (15) 고모, 이 영화 보셨어요?

  (16) 오늘 아버지께서 부산으로 출장을 가셨습니다.

2. (1) 결석

   (2) 당번

   (3) 말투

   (4) 공항

   (5) 관리

3. (1) 야칸

   (2) 그피

   (3) 만치

   (4) ②

   (5) ②

   (6) ②

10 바르게 대화해요(2)   64쪽

1. (1) 긍정적

   (2) 인상적

   (3) 구체적

   (4) 적극적

2. (1) ①

   (2) ②

   (3) ①

   (4) ①

   (5) ②

해설

문제의 오답 풀이입니다.

(2) ① 수긍하지

(3) ② 경쟁하는

(4) ② 활발한

(5) ① 희한하다며

3. (1) 웃어른

   (2) 된장찌개

   (3) 멋쟁이다

   (4) 주스

(5) 헷갈린다

(6) 괜찮겠니

4. (1) 오시면

   (2) 모시러

   (3) 계세요

   (4) 주무세요

   (5) 뵙고(비고)

   (6) 드릴

5. (1)

	밥	을		먹	은		지		30
분	이		지	났	다	.			

(2)

	하	루	에		한		번	씩
당	번	을		**바**	꾸	는		게
좋	을		것		같	아	.	

(3)

	자	신	이		할		말	만
하	**고**		전	화	를		끊	어	서	∨
당	황	한		적	이		있	어	.

해설

(1) 숫자는 한 칸에 두 자씩 씁니다.

(2) '번'이 차례나 횟수를 나타낼 때에는 '한 번, 두 번, 세 번'과 같이 띄어 씁니다.

(3) '적'은 지나간 어떤 때의 뜻으로 쓰이며, 앞말과 띄어 씁니다.

11 마음을 담아 글을 써요(1) 69쪽

1. (1) 입학
   (2) 유학
   (3) 개학
   (4) 고학

2. (1) 감정
   (2) 딴전
   (3) 얌체공
   (4) 착각
   (5) 제비뽑기
   (6) 핀잔
   (7) 가로질러
   (8) 멋쩍게
   (9) 추천
   (10) 참여
   (11) 반응

3. (1) 이
   (2) 발바닥
   (3) 귀
   (4) 눈앞
   (5) 어깨

   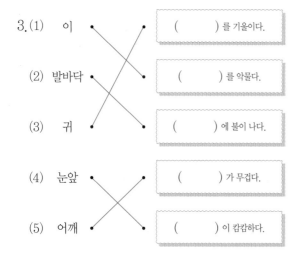

   (   ) 를 기울이다.
   (   ) 를 악물다.
   (   ) 에 불이 나다.
   (   ) 가 무겁다.
   (   ) 이 캄캄하다.

4. (1) ②
   (2) ①
   (3) ②
   (4) ①
   (5) ①

5. (1) 하셨대
   (2) 신었는데
   (3) 있었는데
   (4) 길인데, 않았대
   (5) 대
   (6) 데
   (7) 데, 대

12 마음을 담아 글을 써요(2) 75쪽

1. (1) 목청껏
   (2) 힘껏
   (3) 지금껏
   (4) 청성껏

2. (1) 운동회
   (2) 이어달리기
   (3) 배턴
   (4) 바퀴
   (5) 꼴찌

3. (1) 결심
   (2) 진심
   (3) 공포심
   (4) 안심
   (5) 자존심
   (6) 인심

4. (1) 방해
   (2) 다짐
   (3) 비법
   (4) 멀찍이
   (5) 지역

5. (1) 부스스
   (2) 물끄러미
   (3) 우수수
   (4) 배배
   (5) 질끈

6.(1)

	웃	음	이		나	오	는		것
을		참	을		수		없	었	다.

(2)

	아	침	밥	을		먹	는		둥	∨
마	는		둥		하	고		서	둘	
러		집	을		나	섰	다	.		

(3)

	며	칠		전	까	지		빈	터	
였	던		곳	에		나	무		한	∨
그	루	가		심	어	져		있	다.	

13 글을 읽고 소개해요(1)   81쪽

1.(1) 팀파니
  (2) 비브라폰
  (3) 심벌즈
  (4) 마라카스

2.(1) 금지
  (2) 공터
  (3) 차림새
  (4) 타악기
  (5) 굴뚝
  (6) 전설
  (7) 정체
  (8) 가로등
  (9) 주차
  (10) 감상문
  (11) 정상

3.(1) 골목길
  (2) 지름길
  (3) 오르막길
  (4) 오솔길
  (5) 갈림길
  (6) 샛길

4.(1) 월드컵
  (2) 개막식
  (3) 국기
  (4) 기념
  (5) 메달

5.(1) 추측
  (2) 요란하게
  (3) 제법
  (4) 짐짓
  (5) 문양

6.(1) 끊임없이
  (2) 옮겼다
  (3) 헝클어진
  (4) 내팽개치고
  (5) 잃어
  (6) 젖었잖아
  (7) 놀게요

해설

(7) '-ㄹ게'는 [께]로 소리 나더라도 '게'로 씁니다.
예) 올게요(O), 올께요(X)
    할게요(O), 할께요(X)

14 글을 읽고 소개해요(2) 88쪽

1. (1) 헛기침

   (2) 헛걸음

   (3) 헛소문

   (4) 헛발질

2. (1) 열차

   (2) 기관차

   (3) 우주선

   (4) 잠수함

   (5) 전차

3. (1) 바다

   (2) 가르침

   (3) 장소

   (4) 기체

   (5) 기울어진

4. (1) ①

   (2) ①

   (3) ②

   (4) ②

   (5) ①

해설

문제의 오답 풀이입니다.

(1) ② 굉음

(2) ② 먹먹했다

(3) ① 삼동

(4) ① 어처구니없는

5. (1) 개업

   (2) 간판

   (3) 홍보

   (4) 일거리

   (5) 조수

6. (1) 퇴장 — 입장

   (2) 개막식 — 폐막식

   (3) 낯익은 — 낯선

   (4) 수비 — 공격

   (5) 외부 — 내부

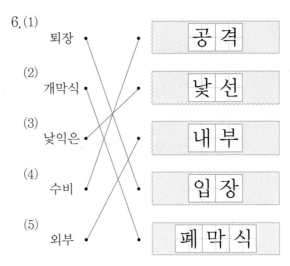

7. (1)

	몇	개	인	지		한	번	
세	어		볼	까	?			

(2)

	눈		깜	짝	할		사	이	에	∨
하	늘	이		밝	아	졌	다	가		
어	두	워	졌	다	.					

(3)

	화	가		난		동	원	이	는	∨
규	리	의		말	을		들	은		
체		만		체	했	다	.			

15 글의 흐름을 생각해요(1) 95쪽

1. (1) 폐지

   (2) 폐전차

   (3) 폐차장

   (4) 폐건전지

   (5) 폐품

2. (1) 풍년

   (2) 실내

   (3) 수출

(4) 씨

(5) 모방

3.(1) 뒷부분

(2) 팔목

(3) 멀리

(4) 능력

(5) 걷는

4.(1) 좌우명

(2) 전용

(3) 제빵

(4) 야생

(5) 처방

(6) 탁아소

(7) 향연

(8) 재활용

(9) 야행성

(10) 고정

(11) 예방

5.(1)

/	감	기	약	은		끝	까	지
먹	는		게		좋	다	.	

(2)

	간		곳	은		동	림		저
수	지		야	생		동	식	물	
보	호		구	역	이	었	다	.	

(3)

/	디	자	이	너		체	험	을	
끝	내	자		거	의		열	한	
시	가		되	었	다	.			

1.(1) 역사

(2) 선사 시대

(3) 유물

(4) 고인돌

(5) 특산물

2.(1) 턱

(2) 야생화

(3) 수액

(4) 전신

(5) 발굴

(6) 침해

(7) 마법사

(8) 흉악

(9) 단장

(10) 경쾌한

(11) 한지

3.(1) 텔레비전

(2) 둘레

(3) 베짱이

(4) 바이올린

(5) 땋아

(6) 닮았다

4.(1) 지명

(2) 기원

(3) 기운

(4) 전망

5.(1) 껍질

(2) 껍데기

(3) 무명, 유명

(4) 나았다

(5) 낳았다

17 작품 속 인물이 되어(1) 107쪽

1. (1) 관람
   (2) 관객
   (3) 관찰
   (4) 관점
   (5) 관측

2. (1) 영양
   (2) 연극
   (3) 샘
   (4) 바람

3. (1) 질겅질겅
   (2) 알쏭달쏭
   (3) 헐레벌떡
   (4) 실룩실룩
   (5) 덩실덩실

4. (1) 궤짝
   (2) 경고
   (3) 농담
   (4) 휘파람
   (5) 함지박
   (6) 거만한
   (7) 양보
   (8) 사방
   (9) 나그네
   (10) 애걸복걸
   (11) 실감

5. (1) 무릎
   (2) 궁금한
   (3) 천천히
   (4) 혼잣말
   (5) 해님
   (6) 여전히

해설

(4) 낱말과 낱말이 합쳐지면서 'ㅅ'이 붙는 경우가 있습니다. 이러한 'ㅅ'을 '사이시옷'이라고 합니다. 앞말과 뒷말 사이에 'ㄴ'소리가 덧나는 경우에도 '사이시옷'을 붙입니다.
  예) 바다＋물 ⇒ 바닷물[바단물]
      혼자＋말 ⇒ 혼잣말[혼잔말]

(6) '−님, −꾼'이 붙는 말에는 '사이시옷'을 붙이지 않습니다.
  예) 해님(○), 햇님(×)
      나무꾼(○), 나뭇꾼(×)

6. (1)

| | 동 | 민 | 이 | 가 | | 거 | 짓 | 말 | 을 | ∨ |
| 했 | 을 | | 리 | 가 | | 없 | 다 | . | | |

(2)

	경	기	는		해	가		뜰
때		시	작	되	어		해	가
질		때	까	지		계	속	됐	다	.

(3)

	여	우	는		뒤	를		돌	아
보	더	니		꼬	리	를		한
번		씰	룩		움	직	였	다	.

18 작품 속 인물이 되어(2) 114쪽

1. (1) 보느라
   (2) 하느라
   (3) 떠느라
   (4) 읽느라, 보느라
   (5) 듣느라

2. (1) 최초
   (2) 독창

(3) 질

(4) 지경

(5) 냉큼

3. (1) ①

(2) ②

(3) ①

(4) ①

(5) ②

4. (1) 이튿날

(2) 가려고

(3) 역할

(4) 하얗게

(5) 울부짖었다

(6) 베면

(7) 은혜

해설

(2) 어떤 행동을 할 목적을 드러낼 때 '-ㄹ려고'나 '-ㄹ라고'를 쓰는 것은 잘못된 표현입니다.
예) 일어나려고(○), 일어날려고(×)
　　먹으려고(○), 먹을려고(×)
(6) 베다: 무엇을 자르거나 끊다.
　　배다: 무엇이 스며들다

5. (1) 극본

(2) 소품

(3) 대사

(4) 배우

(5) 공연

(6) 무대

(7) 지문

6. (1) 말투

(2) 말귀

(3) 여전히

(4) 여태껏

(5) 메고

(6) 매고

7. (1) ① 감히

　　② 감독

(2) ① 설마

　　② 설빔

(3) ① 문고리

　　② 저고리

MEMO

....

....

....

....

....

....

....

....

....

시서례 초등 학습서

 어린이 훈민정음

- 교과서 중심의 어휘력 교재.
- 다양한 형식의 문제를 풀면서 쉽고 재미있게
  어휘력을 키울 수 있습니다.
  학년별2권 총12권

 초등국어 독해력 비타민

- 다양한 장르와 소재에 적응하게 해주는 독해력 교재.
- 동화, 설명문, 논설문, 시, 기사문 등 여러 형식과 문학, 과학,
  역사, 사회, 철학 등 다양한 내용의 예문으로
  폭넓은 독해력을 갖게 해줍니다.
  단계별1권 총6권

나의 생각 글쓰기

- 기초 문장력부터 바로잡아 주는 갈래별 글쓰기 교재.
- 일기, 생활문, 독후감, 논설문, 설명문 등을 학년에 맞게
  구성하였습니다.
  학년별2권 총12권